DIE LIEDER NEIDHARTS

HERAUSGEGEBEN VON

EDMUND WIESSNER

MAX NIEMEYER VERLAG, TÜBINGEN

1955

ALTDEUTSCHE TEXTBIBLIOTHEK
BEGRÜNDET VON HERMANN PAUL
HERAUSGEGEBEN VON HUGO KUHN
NR. 44

Alle Rechte vorbehalten

Printed in Germany

Druck: Wiesbadener Graphische Betriebe GmbH

Inhalt

Vorwort	5
Einleitung:	
Neidharts Leben	7
Die Überlieferung	13
Sommerlieder	15
Winterlieder	53
Anhang:	
Als unecht ausgeschiedene oder zweifelhafte Strophen	134
Abweichungen vom Text der 2. Auflage von Neidharts Liedern, herausg. von Moriz Haupt, neu bearbeitet von Edmund Wiessner	172
Übersicht über die Stropheneingangszeilen	197

Vorwort

Mit der Auflassung der Ausgabe von Friedrich Keinz war das Bedürfnis einer nicht zu teuren Textausgabe der Lieder Neidharts gegeben, die sich für den akademischen Studienbetrieb eignete. Ich kam dem Antrage, eine solche für die von Hermann Paul begründete Altdeutsche Textbibliothek zu liefern, gerne nach, weil die von mir in zweiter Auflage neu bearbeitete kritische Ausgabe von Moriz Haupt (im Verlag von S. Hirzel, Leipzig 1923) strengste Zurückhaltung in eigenen Zutaten und Änderungen nahegelegt hatte. Nunmehr war es mein Ziel, auf Haupts solidem Unterbau einen neuen Neidhart-Text herzustellen, in dem ich meine Anmerkungen der zweiten Auflage, die „Kritischen Beiträge zur Textgestalt der Lieder Neidharts" (im 61. Bande der Zeitschrift für deutsches Altertum S. 141—177) und den Kommentar zu den Liedern (im Verlag von S. Hirzel 1954) ganz nach eigenem Ermessen verwerten konnte. Die große kritische Ausgabe sollte durch diese kleine keineswegs ersetzt, sondern allenfalls nur bereichert werden.

Aufnahme fanden nur die als echt angesehenen Lieder, und zwar meist in der Abfolge bei Haupt (Wießner). Im Hinblick auf die angeführten Arbeiten unterblieben textkritische Erörterungen und mit Rücksicht auf das 1954 bei S. Hirzel erschienene Vollständige Wörterbuch auch alle Worterklärungen. Die Abweichungen vom Wortlaut des Textes in der zweiten Auflage bei S. Hirzel wurden anhangsweise verzeichnet und der alten Fassung gegenübergestellt. Über die Handschriften und den Druck, auf denen die Überlieferung der Lieder beruht, gibt in aller Kürze die Einleitung Auskunft. Im Text ist bei jeder Strophe rechts am Rande vermerkt, wo sie erhalten ist, überdies ihr Platz in der ersten Ausgabe (Haupts), weil das gesamte bisherige Zitatenwesen auf dieser fußt. Für den internen Gebrauch führte ich daneben links am Rande nach dem Vorgange Carls von Kraus in seiner Reinmar-Ausgabe eine bequemere Zählung nach Liedern, Strophen und Zeilen ein.

Von den unechten Strophen, die in den Handschriften die echten begleiten, habe ich alle von Haupt in die Anmerkungen verwiesenen im Anhange untergebracht, weil sie im Seminarbetrieb lehrreichen Arbeitsstoff bedeuten, von unechten Liedern nur solche, die in Haupts Ausgabe noch unter den echten erscheinen. Von einem Verzeichnis aller Strophen (nach dem Reime der ersten Zeile) glaubte ich aus Orientierungsrücksichten nicht absehen zu können.

# Einleitung

Neidharts Leben

Die Lebensverhältnisse Neidharts können wir, da keinerlei urkundliche Zeugnisse über ihn erhalten sind, allein aus eigenen gelegentlichen Angaben in seinen Liedern erschließen. Darnach ist ein tiefer Einschnitt in seinem Lebenslauf bemerkenswert, der sich auch in seiner Dichtung geltend macht. Während Walther von der Vogelweide zu den Österreichern gehört, die, durch die Ungunst der Verhältnisse gezwungen, außer Landes gingen und dort den Weg zur Größe fanden, steht Neidhart in der Schar der Zuwanderer aus deutscher Nachbarschaft, denen Österreich zur neuen Heimat wurde, zum Nährboden reifer Meisterschaft. Daß er aus Bayern kam, sagt nur die allein in einer späten Handschrift überlieferte, vielleicht nachträglich eingeschaltete Strophe VIII des Liedes W. Nr. 24 in 5. 6 *des hân ich ze Beiern lâzen allez, daz ich ie gewan, unde var dâ hin gein Ôsterrîche und wil mich dingen an den werden Ôsterman.* Seine Übersiedlung aus dem Lande der Wittelsbacher in das der Babenberger hing wohl mit dem hier wie dort erfolgten Regierungswechsel zusammen: in Österreich folgte 1230 auf Herzog Leopold VII. sein Sohn Friedrich II., in Bayern auf Herzog Ludwig I. 1231 sein Sohn Otto II. Schon 1233 brach zwischen den neuen Herrschern offene Feindschaft aus. Um diese Zeit dürfte Neidhart nach Österreich gekommen sein: das erwähnte Lied berichtet, er habe unverschuldet die Huld seines Herrn und mit ihr all seinen Besitz verloren, bei dem edlen Fürsten in Österreich jedoch freundliche Aufnahme und eine Behausung in Melk gefunden; der vom Wittelsbacher Verstoßene konnte vielleicht auf die Gunst des Babenbergers rechnen, der zudem, wie ein anderes Lied (85, 34.35) mitteilt, bald den Ruf genoß, ein Freund der Sangeskunst zu sein. Siehe meine Abhandlung Zeitschr. f. d. A. 73, 117ff. Der Ankömmling war bereits ein wohlbekannter Dichter, wie uns der Ausspruch seines großen Landsmannes Wolfram von Eschenbach, übrigens der einzige eines Zeitgenossen über den Lebenden, verrät. Er nennt ihn wie Walther im „Willehalm" mit spöttisch scherzenden Worten, in seiner Weise die beiden namhaftesten Minnesänger der Zeit (des zweiten Jahrzehnts im 13. Jhdt.) würdigend. Siehe Zeitschr. f. d. A. 84, 241 ff.

Geburts- und Todesjahr Neidharts sind uns ebenso unbekannt wie bei Walther. Er stand bei seiner Ankunft in Österreich wohl schon in reiferen Jahren. Er hatte wie viele Bayern den Kreuzzug Herzog Leopolds VII. von Österreich und König Andreas II. von Ungarn mitgemacht, dem sich sein Schwager, der Herzog Otto von Meranien, 1217 mit zahlreichen Bayern angeschlossen hatte (siehe Sigmund Riezler, Gesch. Bayerns, II, S. 48), und war mit dem Herzog 1219 aus Ägypten über Österreich zurückgekehrt. In einem Liede von der Kreuzfahrt, das, fern von frommer Stimmung, Heimweh und Klagen über die schlimme Lage des Pilgerheeres sowie über die Feindseligkeit der Welschen äußert, bestellt der Dichter sehnsüchtige Grüße an die Freunde und die Geliebte in der Heimat, in einem zweiten, das auf der Rückfahrt gesungen wurde, nennt er als solche Landshut.

In Österreich stimmte er anläßlich des prunkvollen Festes, mit dem der Herzog Friedrich II. die Vermählung seiner Schwester Konstanze zu Stadlau im Mai 1234 feierte, ein Preislied auf ihn an und huldigte in einem zweiten den hochgespannten Hoffnungen, die den Babenberger im Hinblick auf das zerfallende Arpadenreich erfüllten (Winter 1234/35). Einige Einzelheiten aus seinem Leben im Lande unter der Enns verraten die Bittstrophen, die er anhangsweise etlichen seiner Lieder folgen ließ: da fleht er einmal um ein häusliches Obdach am Lengbach (der an Altlengbach vorbeifließt), weil doch selbst die Schwalbe, die nur im Sommer hier weilt, sich ein Häuschen baut. Er war offenbar von Melk weiter ostwärts gezogen, wie seine Vertrautheit mit Ortschaften des Tullnerfeldes und der Landschaft im Süden davon erweist.

In einer andern Strophe dankt er dem Fürsten Friedrich für seine Behausung, bittet aber um Ermäßigung der schweren Abgaben, um sein Leben fristen zu können. Klagen über die harte Zeit, die unter dem ehrgeizigen und kriegerischen Herzog über das Land, besonders infolge seines hartnäckigen Kampfes mit Kaiser Friedrich II., hereingebrochen war, tönen uns aus seinen österreichischen Liedern gelegentlich entgegen. Zweimal ist von *des keisers komen* die Rede (31,7 und 102,8), das man allgemein erwartete und das flüchtig im Frühjahr 1235, gründlich aber im Herbst 1236 bis 1237 in Erfüllung ging. Siehe ZsfdA. 73, 122 ff. Die trostlose Lage Österreichs im Frühjahr 1237, als man dem Einmarsche der deutschen und böhmischen Achtvollstreckungstruppen entgegensah, hinterließ die letzte Spur, die Neidharts Lieder von geschichtlichen Ereignissen aufweisen. Der frühe und jähe Tod des letzten Babenbergers 1246 im Gefechte an der Leitha, ein nicht nur für den Dichter hochbedeutsames Ereignis, erweckte in den erhaltenen Liedern keinen Widerhall, wahrscheinlich, weil der Sänger selbst zur Zeit nicht mehr unter den Lebenden weilte.

Seine Zugehörigkeit zum Ritterstande kann nur damit begründet werden, daß er sich selber in manchen Liedern als Ritter einführt und daß ihm Wolfram den Titel *her* gibt wie mehrere Pergamenthandschriften, die seine Gedichte überliefern. Die große Heidelberger Liederhandschrift bringt auch sein Bild (ohne Wappen): siehe Ko. S. 2.3. Er steht inmitten einer Gruppe von Freunden, die ihn lächelnd bedrängen, doch wieder etwas zu singen, während er es verschwört. Alles, was man seinen Gedichten über seine Familie und sein Liebesleben entnehmen wollte, erweist sich als durchaus fraglich, sogar sein Name; die Benennung der von Riuwental (siehe Wb.), die gewöhnlich in der Schlußstrophe — wie eine Signatur seines Eigentums — erscheint, verbittet er sich nach dem Verlust seines bayrischen Lehens, und sie verschwindet wirklich fortan aus seinen Liedern. Ob er ein Lehen dieses oder eines ähnlichen Namens besaß, ist nicht nachzuweisen; jedenfalls benützt er den durchsichtigen Wortsinn immer wieder zu Wortspielen, um seine Armut hervorzukehren. Sein Zeitgenosse Wolfram, die Nachfahren, wie Wernher, der Verfasser des Helmbrecht, und manche andere (siehe die Zeugnisse in der großen Ausgabe), und die Handschriften nennen ihn bis ins 15. Jhdt. stets nur Nîthart: nie gibt er selbst sich diesen Namen; ob es sein bürgerlicher oder nur ein Deckname war, können wir angesichts des Schweigens der Urkunden nicht entscheiden. Nîthart von Riuwental, wie ihn Haupts Ausgabe im Titel und die Literaturgeschichte allgemein nennt, begegnet erst spät und selten, und weder ein Ort noch ein Geschlecht dieses Namens ist bisher sicher nachgewiesen.

In der Geschichte des deutschen Minnesangs spielt aber Neidhart eine führende Rolle, als die stärkste Persönlichkeit nach Walther von der Vogelweide, als das Haupt der „höfischen Dorfpoesie", wie Lachmann diese neue Strömung treffend benannt hat: sie erfüllte die Formen der ritterlichen Liebeslyrik hohen Stiles mit den derbrealistischen Elementen der Bauerntänze, blieb aber immer auf die Unterhaltung höfischer Kreise eingestellt, so daß sich von vornherein eine ironisch-satirische Stimmung ergab. Je nachdem die sommerlichen Springtänze auf dem Anger unter der Dorflinde oder die winterlichen Schreittänze in geräumigen Stuben vorgeführt werden, gliedert sich Neidharts Dichtung in die beiden Gruppen der Sommerlieder (Reien) und Winterlieder. Jene zeigen in der Regel zwei- oder unteilige Strophen, treten in der Überlieferung stark zurück und stammen wohl großenteils aus der Jugend des Dichters. Frauen beherrschen die Szene: die Herzen der verliebten Dorfschönen fliegen dem sieghaften Reuentaler zu und die bäuerlichen Nebenbuhler kommen gegen ihn nicht auf. Die Winterlieder, die den normalen dreiteiligen Bau der Minnesangsstrophe aufweisen — zwei gleichgebauten Teilen des Aufgesangs folgt der in Metrik und Melodie abweichende Abgesang — stammen offenbar überwiegend aus des Dichters Reifezeit und herrschen in den Handschriften vor (36 gegenüber 29 Tönen): auf ihnen beruhte der Nachruhm Neidharts, während der heutige Leser sich eher der Reien erfreut. In diesen viel weiter ausholenden Liedern muß der Sänger den übermütigen Dorfgecken das Feld räumen, die ihn bei den Dirnen ausstechen, so daß er in Klagen, Flüche und Drohungen aus-

bricht oder sich zuletzt jammernd an den Kreis seiner
Freunde um Rat und Hilfe wendet. So gibt er sich selber
dem Spotte der Zuhörer preis.

Beide Liedergruppen eröffnet ein Naturakkord: die maienhaften ein Frühlingshymnus, der das Erwachen der Natur
feiert, die herbst- und winterlichen die meist kürzer gehaltene Klage über das Absterben und Verstummen in der
Natur und den Eintritt der rauhen Jahreszeit. In den Reien
folgt dem Lenzesjubel in der Regel eine Szene zwischen der
Jungmaid, die es unwiderstehlich zum Tanze lockt, wo sie
den Reuentaler zu treffen hofft, und der warnenden, scheltenden und drohenden Mutter, oder zwischen zwei Gespielinnen, die sich über Minne und Männer im allgemeinen oder
über den von Reuental im besonderen unterhalten. Bisweilen
steht auch in parodistischer Umkehr des natürlichen Verhältnisses die Alte in Tanz- und Liebesverlangen glühend
vor uns und die staunende Junge wehrt ab. Die Winterlieder
bringen vielfach eine eigentümliche Dreiheit des Inhalts zur
Geltung: auf die Klage über den Verfall der Natur folgt die
über die Ungunst der verehrten Dame, ganz in Tonart und
Phrasenschatz des alten echten Minnesangs, offenbar absichtlich von bekannten Mustern zehrend, von Friedrich von
Hausen, Heinrich von Morungen und vor allen von dem
älteren Reinmar. Aus diesen typischen Minnesangstönen
gleitet dann mehr oder weniger unvermittelt der Sänger
zum Hauptelement der Winterlieder über, zum Dörperthema (*dörper* = Dorfbewohner, niederländisch): der Abstich ist so kraß, daß die Absicht, die eingeschaltete Minneklage zu verspotten, nicht zu verkennen ist. Die Bauernstutzer, die sich bei aller übermütigen Tölpelhaftigkeit,
Roheit und Rauflust in der Nachäffung ritterlicher Kleidung,
Rüstung und Haltung gefallen, erlauben sich die frechsten
Übergriffe gegen die vom Dichter verehrte Dorfschöne. Die
Grundlage für die im ganzen ziemlich zahme Satire der
Winterlieder Neidharts war der Wohlstand des südostdeutschen Bauerntums und die standeswidrige, aber unvermeidliche Ergänzung des herzoglichen Heeres durch Bauernknappen. In drei Winterliedern läßt sich der Dichter zu
höchst unhöfischen Scheltworten gegen die Undankbare

hinreißen, der seine langen Dienste galten: schließlich verrät er aber dem verblüfften Publikum, daß er hiemit Frau Welt den Dienst aufkündige, die sein Seelenheil gefährde: seine Vorbilder waren hier Friedrich von Hausen, Hartmann von Aue und Walther.

Die Nachwirkung Neidharts war so stark wie die keines andern Minnesängers: schon in den Handschriften, die Neidharts Lieder überliefern, sind Zusatzstrophen von Fortsetzern und Nachahmern zu beobachten, ja man ließ unter falscher Flagge neue Lieder segeln und machte zuletzt den berühmten Dichter als Bauernfeind zum Helden von Schwänken in einer Art von Eulenspiegelrolle. Die Ausgabe Haupts bietet von diesem reichen Gut nur das in den Pergamenthandschriften überkommene. Neben diesen ungenannten stimmten aber auch namhafte Minnesänger in Schwaben und in der Schweiz ähnliche Töne an, meist in der Art der Reien. Neidharts Einfluß wirkte sich ferner auf epischem Gebiete aus: in der Versnovelle von dem zum Raubritter gewordenen Bauernsohne Helmbrecht und in der grotesk-komischen Rahmenhandlung des Lehrbuches der Lebensführung von dem Nordostschweizer Heinrich Wittenwiler an der Wende des 14. zum 15. Jhdt. Im Bereich des Dramas endlich stammen aus dieser Sphäre die Neidhartspiele, die vom 13. bis zum 15. Jhdt. reichen und noch in einem Fastnachtspiele von Hans Sachs nachklingen. Vom Tondichter Neidhart geben uns die Notierungen zu 2 echten Sommer- und 13 echten Winterliedern Kunde.

In Wien erinnert an den Dichter bis in unsere Tage das sogenannte Neidhartgrab, ein Grabdenkmal außen am St.-Stephansdom, links vom Singertor, in das nach der Überlieferung Neidhart im 14. Jhdt. übergeführt wurde. Wer in dem Steinsarkophag wirklich seine letzte Ruhestätte fand, weiß man nicht sicher: schwerlich der Zeitgenosse und Preiser Friedrichs des Streitbaren, wahrscheinlich vielmehr eine Persönlichkeit im Kreise Ottos des Fröhlichen, die zufolge ihrer Rolle am Hofe diesen Übernamen im Gedenken an den alten Dichter erhalten hatte.

Die Überlieferung

Eine genaue Übersicht bietet die kritische Ausgabe im Vorwort S. V—XIV. Echte Lieder Neidharts bewahren darnach die drei bekannten Liederhandschriften, die uns nunmehr in getreuen modernen Nachbildungen zugänglich sind:
A: die kleine Heidelberger aus dem Elsaß mit 36 echten Strophen, B: die Stuttgarter (aus Konstanz) mit 31 und C: die große Heidelberger (aus Zürich) mit 142 (2 nur teilweise erhaltenen). Die beiden zuerst genannten enthalten nur kärgliche Reste: A zwei Töne und Trümmerwerk, B vier, C achtzehn. Diese alemannischen Quellen haben vom Minnesang des bayrischen Dichters wenig gerettet, und so ist es ein Glück, daß zwei Neidhart-Liedersammlungen auf unsere Tage gekommen sind, von denen die Pergament-Handschrift R (aus der Bibliothek des Starhembergischen Schlosses Riedegg in Oberösterreich) 369 echte Strophen aufweist, 55 bzw. 56 Töne, die Papierhandschrift c Friedr. Heinr. von der Hagens 397 echte Strophen, 60 Töne; R sammelt alles echte Gut, daneben nur wenig unechtes, und gehört noch dem 13. Jhdt. an: die Hs. wurde noch vor 1300 von Otto von Hackenberg, einem österreichischen Ministerialen, seinem Standesgenossen Albero von Kuenring geschenkt. Siehe Werner Fechter, Das Publikum der mhd. Dichtung 1935, S. 28. c, weitaus die reichhaltigste aller Neidhartquellen, greift nach allen Liedern unter Neidharts Namen und läßt sich nur wenige echte Töne entgehn.

Dazu kommen: C^b, 3 Pergamentblätter aus derselben Urhandschrift wie C, mit 19 echten Strophen, K, ein (verlornes) Perg.-Blatt aus Lemberg mit 5, 0, 2 Perg.-Doppelblätter mit 26 in niederrheinischer Mundart, und M, die Liederhandschrift aus Benediktbeuern mit 1 Str.; die Neidhartsammlungen d (Papier) aus Heidelberg mit 83 echten Strophen

(12 Tönen) und die Papierhandschrift von Klemens Brentano (hernach Freiherrn von Meusebach) f mit 14 (2 Tönen). Die von Adolf Pichler gefundene Papierhandschrift des Sterzinger Archivs bietet 16 echte Strophen (zwei Lieder) und die Wiener Papierhandschrift des Pfarrers Schrat 7 echte Strophen eines Liedes. Der Druck des Neithart fuchs(z), der in drei Ausgaben erhalten ist — die älteste von Hans Schaur in Augsburg — enthält 12 echte Strophen.

Eine Ausgabe aller echten (und unechten) Lieder mit Notierungen, die sich in Neidharthandschriften finden, bietet Wolfgang Schmieder im 71. Bd. der Denkmäler der Tonkunst in Österreich, Wien 1930, mit Lichtbildern aller Stellen.

Sommerlieder

Nr. 1 Haupt

I Ein altiu diu begunde springen C 210
   hôhe alsam ein kitze enbor: si wolde bluomen bringen.
   „tohter, reich mir mîn gewant:
   ich muoz an eines knappen hant, 3,5
5 der ist von Riuwental genant.
   traranuretun traranuriruntundeie."

II „Muoter, ir hüetet iuwer sinne! C 211
    erst ein knappe sô gemuot, er pfliget niht staeter
    „tohter, lâ mich âne nôt! [minne." [3,10
    ich weiz wol, waz er mir enbôt.
5   nâch sîner minne bin ich tôt.
    traranuretun traranuriruntundeie."

III Dô sprachs' ein alte in ir geile: C 212 3,15
     „trûtgespil, wol dan mit mir! ja ergât ez uns ze heile.
     wir suln beid nâch bluomen gân.
     war umbe solte ich hie bestân,
5   sît ich sô vil geverten hân? 3,20
     traranuretun traranuriruntundeie."

Nr. 2

I „Der meie der ist rîche: C 222 c 55,1
   er füeret sicherlîche
   den walt an sîner hende.
   der ist nu niuwes loubes vol: der winter hât ein ende.
   [3,25

II Ich fröu mich gegen der heide   *C* 223 *c* 55,2   4,1
   ir liehten ougenweide,
   diu uns beginnet nâhen":
   sô sprach ein wolgetâniu maget; "die wil ich schône
                                        [enpfâhen. 4,5

III Muoter, lâtz âne melde!   *C* 224 *c* 55,3
    jâ wil ich komen ze velde
    und wil den reien springen;
    jâ ist es lanc, daz ich diu kint niht niuwes hôrte
                                        [singen." 4,10

IV „Neinâ, tohter, neine!   *C* 225 *c* 55,4
   ich hân dich alterseine
   gezogen an mînen brüsten:
   nu tuo ez durch den willen mîn, lâz dich der man niht
                                        [lüsten." 4,15

V „Den ich iu wil nennen,   *C* 226 *c* 55,5
  den muget ir wol erkennen.
  ze dem sô wil ich gâhen.
  er ist genant von Riuwental: den wil ich umbevâhen.
                                        [4,20

VI Ez gruonet an den esten,   *c* 55,6
   daz alles möhten bresten
   die boume zuo der erden.
   nu wizzet, liebiu muoter mîn, ich belge den knaben
                                        [werden. 4,25

VII Liebiu muoter hêre,   *c* 55,7
    nâch mir sô klaget er sêre.
    sol ich im des niht danken?
    er giht, daz ich diu schoenest sî von Beiern unz in
                                        [Vranken." 4,30

Nr. 3

I Ûf dem berge und in dem tal   *C* 237 *c* 60,1
  hebt sich aber der vogele schal,

hiure als ê
gruonet klê.
5 rûme ez, winter, dû tuost wê! 4,35

II Die boume, die dâ stuonden grîs, *C 238 c 60,2*
die habent alle ir niuwez rîs
vogele vol:
daz tuot wol. 5,1
5 dâ von nimt der meie den zol.

III Ein altiu mit dem tôde vaht *C 239 c 60,3*
beide tac und ouch die naht.
diu spranc sider 5,5
als ein wider
5 und stiez die jungen alle nider.

Nr. 4

I Heid, anger, walt in fröuden stât; *C 245 c 56,1*
diu hânt sich bereitet mit ir besten wât,
die in der meie hât gesant. 5,10
sî wir alle
5 frô mit schalle!
sumer ist komen in diu lant.

II Wol ûz der stuben, ir stolzen kint, *C 246*
lât iuch ûf der strâze sehen! hin ist der scherfe wint 5,15
unde ouch der vil kalte snê.
hebt iuch balde
5 zuo dem walde!
vogelîn singent, den was wê.

III Diu sint ergetzet leides gar. *C 247* 5,20
ir sult mirz gelouben! nemt sîn selbe war,
waz der sumer erzeiget hât!
er wil rîchen
5 sicherlîchen
manegen boum mit loubes wât. 5,25

IV Die nû vor grôzer huote megen,   *C 248ᵃ c 56,2*
    die suln balde ir vîrtacgwant an legen,
    lâzen sich dar inne ersehen!
    wir suln schouwen
 5 vor den ouwen   5,30
    maneger hande bluomen brehen.

V   Swie Riuwental mîn eigen sî,   *C 248ᵇ c 56,3*
    ich bin disen sumer aller sorgen frî,
    sît der winter ist dâ hin.
    ich wil lêren   5,35
 5 die jungen êren
    freude: dar nâch stêt mîn sin.

Nr. 5

I   Der walt stuont aller grîse   *C 258 c 53,1* 6,1
    vor snê und ouch vor îse.
    derst in liehter varwe gar.
    hebt iuch dar,
 5 stolziu kint,   6,5
    reien, dâ die bluomen sint!

II Ûf manegem grüenem rîse   *C 260ᵃ c 53,2*
    hôrte ich süeze wîse
    singen kleiniu vogelîn.
    bluomen schîn   6,10
 5 ich dâ vant.
    heide hât ir lieht gewant.

III Ich bin holt dem meien: *C 259 c 53,3*
    dar inne sach ich reien
    mîn liep in der linden schat.   6,15
    manic blat
 5 ir dâ wac
    für den sunnenheizen tac.

Nr. 6

I   „In dem tal   *C 260ᵇ c 68,1*
    hebt sich aber der vogele schal: 6,20

wan si grüezent alle nû den meien.
den wolgemuoten leien
5 den wil ich helfen reien,"

II Sprach ein meit   *C 261* *c 68,2*
zuo ir muoter, „mirst geseit   6,25
hiuwer alrerst von des knappen singen,
ob ich im hulfe springen,
5 mir müeste wol gelingen."

III „Liebez kint,   *C 262* *c 68,3*
trieger allenthalben sint.   6,30
liebiu tohter, volge mîner lêre!
dâ von mac wol dîn êre
5 sich hoehen immer mêre."

IV Jeniu bôt   *C 263* *c 68,4*
manegen eit: daz tet ir nôt.   6,35
„ob er mich des lîbes ie gebaete,
sô sîs unlange staete,
5 diu valde an mîner waete!

V Wan ich hân   *C 264* *c 68,5* 7,1
zuo den mannen keinen wân."
alsô sprach diu junge zuo der wîsen.
si hiez sich schône brîsen
5 und huop sich von der grîsen.   7,5

VI Sâ si spranc   *C 265* *c 68,6*
mêr dan einer klâfter lanc
und noch hôher danne ie magt gesprunge.
diu minneclîche junge,
5 si bat, daz man ir sunge.   7,10

Nr. 7

I „Ez meiet hiuwer aber als ê.   *C 266*
von dem touwe",
sprach ein frouwe,
„springent bluomen unde klê.

5 nahtegal diu singet ûf der linden 7,15
ir süezen sanc.
Merze vor den reien spranc:
bî dem sult ir mich vinden."

II „Tohter, wende dînen muot C 267
von dem touwe! 7,20
ganc her, schouwe:
disiu maere sint niht guot.
5 warne dich engegen dem scherpfen winder!
* . . . .
ahte niht ûf Merzen sin: 7,25
des rede drinc hin hinder!

III Und reie alsô, swiez dir ergê, C 268
ob er dich triege,
daz ein wiege
vor an dînem fuoze iht stê! 7,30
5 sich, sô wirt dîn fröude harte kleine
und mac geschehen,
sô dû bluomen wellest sehen,
daz nâch dir iht weine."

IV „Muoter, ir sorget umbe den wint. C 269 7,35
mirst unmaere
solhiu swaere:
wîp diu truogen ie diu kint.
5 ich wil mîner fröude niht enlâzen
durch iuwern rât. 8,1
reichet mir mîn liehte wât:
diu wiege var verwâzen!"

V Nu hoeret, wie ez ir ergie! C 270
si biegen beide 8,5
dô mit leide.
diu muoter einen rechen vie:
5 den begreif diu tohter bî der groeze.
si nam zehant
in der alten ûz der hant. 8,10

dô gienc ez an die stoeze.

* [wilt aber hin *Haupt*].

Nr. 8

I „Fröut iuch, junge und alte!   *C280 c67,1*
der meie mit gewalte
den winder hât verdrungen,
die bluomen sint entsprungen.   8,15
5 wie schôn diu nahtegal
ûf dem rîse ir süeze wîse singet, wünneclîchen schal!

II   Walt nu schône loubet.   *C281 c67,2*   8,20
mîn muoter niht geloubet,
der joch mit einem seile",
sô sprach ein maget geile,
5 „mir bunde einen fuoz,
mit den kinden zuo der linden ûf den anger ich doch
                                                  [muoz." 8,25

III   Daz gehôrte ir muoter: *C282 c67,3*
„jâ swinge ich dir daz fuoter
mit stecken umbe den rugge,   8,30
vil kleine grasemugge.
5 wâ wilt dû hüpfen hin
ab dem neste? sitze und beste mir den ermel wider
                                                 [in!" [8,35

IV   „Muoter, mit dem stecken   *C283 c67,4*
sol man die runzen recken
den alten als eim sumber.
noch hiuwer sît ir tumber,
5 dan ir von sprunge vart.   9,1
ir sît tôt vil kleiner nôt, ist iu der ermel abe gezart."

V   Ûf spranc sî vil snelle.   *C284 c67,5*   9,5
„der tievel ûz dir belle!
ich wil mich dîn verzîhen;
dû wilt vil übel gedîhen."

5 „muoter, ich lebe iedoch,
swie iu troume; bî dem soume durch den ermel gât
[daz loch." 9,10

Nr. 9

I   „Sumer, wis enphangen   R9,1
    von mir hundert tûsent stunt!
    swaz herze wunt   9,15
    was den winder langen,
 5 diu sint geheilet unde ir nôt zergangen,
    lediclîchen vrî von allen twangen.

II Dû kumst lobelîchen   R9,2
    aber der werlde in elliu lant.   9,20
    von dir verswant
    armen unde rîchen
 5 ir trûren, dô der winder muose entwîchen.
    jungen, sult iuch aber zen vröuden strîchen.

III Walt hât sîne krâme   R9,3 9,25
    gein dem meien ûf geslagen.
    ich hoere sagen,
    vröude bernder sâme
 5 der sî dâ veile nû mit voller âme:
    hôchgemuoter, solhes koufes râme!   9,30

IV Da ist für trûren veile   R9,4
    manger hande vogele sanc;
    ir süezen klanc
    ich ze mînem teile
 5 wil dingen, daz er mîne wunden heile":   9,35
    alsô sprach ein altiu in ir geile.

V   Der was von der Minne   R9,5
    allez ir gemüete erwagt.
    ein stolziu magt
    sprach: „Sî, küneginne,   10,1
 5 wie mangen dû beroubest sîner sinne!
    mir ist nôt, waz erzenîe ich gwinne."

VI „Sî hât mit ir strâle   *R9,6*
    mich verwundet in den tôt;   10,5
    wan seneder nôt
    lîde ich grôze quâle.
5 si ist von rôtem golde, niht von stâle.
    an mîn herze schôz si zeinem mâle."

VII „Sage, von welhen sachen   *R9,7*   10,10
    kom, daz dich diu Minne schôz?"
    „unsenftic lôz
    kan diu Minne machen:
5 si twinget, daz man swindet under lachen,
    selten slâfen, dicke in trûren wachen."   10,15

VIII Wol verstuont diu junge,   *R9,8*
    daz der alten ir gedanc
    nâch vröuden ranc —
    als ich gerne runge,
5 ob mich ein sendiu sorge niht entwunge   10,20
    unde an herzenliebe mir gelunge.

Nr. 10

I „Diu zît ist hie: *R11,1 c75,1*
    ine gesachs vor mangem jâre schoener nie.
    ende hât der winder kalt;
    des vreut sich manc herze, daz sîn sêre enkalt.   10,25
5 aber geloubet stât der walt.

II Des meien zil   *R11,2 c75,2*
    bringet vogele sanc und schoener bluomen vil.
    wartet, wie diu heide stât
    schône in liehter varwe und wünneclîcher wât!   10,30
5 leides sî vergezzen hât.

III Wol dan mit mir   *R11,3 c75,3*
    zuo der linden, trûtgespil! dâ vinde wir
    alles, des dîn herze gert.
    jâ weist dû vil wol, war ich dich sande vert.   10,35
5 disiu reise ist goldes wert."

IV „Nu balde hin   *R 11,4   c 75,4*
nâch der waete, sît ichs in dem willen bin,
daz ich leiste mîne vart.
   nûne sage ez niemen, liebiu Iremgart: 11,1
5 wol mich sîner künfte wart!"

V Sâ dô zehant   *R 11,5   c 75,5*
brâhte man der mägde ir sûberlîch gewant.
schiere het siz an geleit.   11,5
   „zuo der grüenen linden mich mîn wille treit:
5 ende habent mîniu leit."

Nr. 11

I Ez gruonet wol diu heide,   *R 12,1 C 26 M Bl. 68^r* c 26,1*
mit grüenem loube stât der walt:
der winder kalt   11,10
twanc si sêre beide.
5 diu zît hât sich verwandelôt.
mîn sendiu nôt
mant mich an die guoten, von der ich unsanfte scheide.

* (Carm. Bur. hg. v. Otto Schumann Nr. 168a)

II Gegen der wandelunge   *R 12,2   C 27   c 26,2* 11,15
wol singent elliu vogelîn
den vriunden mîn,
den ich gerne sunge,
5 des si mir alle sagten danc.
üf mînen sanc   11,20
ahtent hie die Walhen niht: sô wol dir, diutschiu zunge!

III Wie gerne ich nu sande   *R 12,3   C 28   c 26,3*
der lieben einen boten dar,
(nu nemt des war!)
der daz dorf erkande,   11,25
5 dâ ich die seneden inne lie:
jâ meine ich die,
von der ich den muot mit staeter liebe nie gewande.

IV Bote, nu var bereite   R 12,4 C 31 c 26,4
    ze lieben vriunden über sê!   11,30
    mir tuot vil wê
    sendiu arebeite.
 5 dû solt in allen von uns sagen,
    in kurzen tagen
    saehens uns mit vröuden dort, wan durch des wâges
                                        [breite. 11,35

V   Sage der meisterinne   R 12,5 C 32 c 26,5
    den willeclîchen dienest mîn!
    si sol diu sîn,
    diech von herzen minne   12,1
 5 vür alle vrouwen hinne vür.
    ê ichs verkür,
    ê wold ich verkiesen, deich der nimmer teil gewinne.

VI Vriunden unde mâgen   R 12,6 C 33 c 26,6 12,5
    sage, daz ich mich wol gehabe!
    vil lieber knabe,
    ob si dich des vrâgen,
 5 wiez umbe uns pilgerîne stê,
    sô sage, wie wê   12,10
    uns die Walhen haben getân! des muoz uns hie betrâgen.

VII Wirp ez endelîchen,   R 12,8 c 26,8
    mit triuwen lâ dir wesen gâch!
    ich kum dar nâch
    schiere sicherlîchen,   12,15
 5 so ich aller baldist immer mac.
    den lieben tac
    lâze uns got geleben, daz wir hin heim ze lande strîchen!

VIII Ob sich der bote nu sûme,   R 12,7 C 29 c 26,9
    sô wil ich selbe bote sîn   12,20
    zen vriunden mîn:
    wir leben alle kûme,
 5 daz her ist mêr dan halbez mort.
    hey, waere ich dort!
    bî der wolgetânen laege ich gerne an mînem rûme. 12,25

IX Solt ich mit ir nu alten, *R 12,9 C 30 c 26,10*
ich het noch eteslîchen dôn
ûf minne lôn
her mit mir behalten,
5 des tûsent herze wurden geil. 12,30
gewinne ich heil
gegen der wolgetânen, mîn gewerft sol heiles walten.

X Si reien oder tanzen, *R 12,10 c 26,7*
si tuon vil manegen wîten schrit,
ich allez mit. 12,35
ê wir heime geswanzen,
5 ich sage iz bî den triuwen mîn,
wir solden sîn
zOesterrîche: vor dem snite sô setzet man die phlanzen.

XI Er dünket mich ein narre, *R 12,11 c 26,11* 13,1
swer disen ougest hie bestât.
ez waer mîn rât,
lieze er siech geharre
5 und vüer hin wider über sê: 13,5
daz tuot niht wê;
nindert waere baz ein man dan heime in sîner pharre.

Nr. 12

R 19,1 C 217 c 27,1

I Komen sint uns die liehten tage lange:
alsô sint die vogele mit gesange.
die habent ein niuwez vunden, 13,10
daz sis nie vor mangen stunden
5 baz begunden.

R 19,2 C 218 c 27,2

II Die den winder sendes herzen wâren,
den gestuont der muot vor drîzec jâren
nie ringer danne hiuwer. 13,15
mägde, ir nemt des meien stiuwer,
5 zogt ab iuwer!

III Junge mägde und alle stolze leien, R 19,3 c 27,3
   sult iuch gên dem lieben sumer zweien:
   so ist wünne in allen rîchen. 13,20
   ir sult iuch ze vröuden strîchen:
5 lât dar wîchen!

                                        R 19,4 C 219 c 27,4
IV Kint, lât iu den reien wol enblanden,
   loeset iuwer herze ûz senden banden
   mit snellen sprüngen ringen! 13,25
   ich hoer von der vogele singen
5 den walt erklingen.

                                        R 19,5 C 220 c 27,5
V Lieben boten ich heim ze lande sende.
   al mîn trûren daz sol haben ein ende:
   wir nâhen zuo dem Rîne. 13,30
   gerne sehen die vriunde mîne
5 uns pilgerîne!

                                        R 19,6 C 221 c 27,7
VI Bote, nu sage den kinden an der strâze,
   daz si niht enzürnen ûz der mâze!
   wir suln ein niuwez briuwen, 13,35
   dar nâch sî die vinger kiuwen,
5 an den triuwen.

VII Bote, nu sage dem liepgenaemen wîbe, R 19,7 c 27,6
   daz ze wunsche gât sô wol mîn schîbe!
   dû sage ze Landeshuote, 14,1
   wir leben alle in hôhem muote,
5 niht unvruote!

Nr. 13

I „Willekomen R 49 c 62,1
   sî des meien schoene! 14,5
   ich hân vernomen,
   manegem senedem herzen trûren ist benomen.
5 sorge lât,
   junge mägde, deist mîn rât!

uns nâhet 14,10
ein sumer: den enphâhet!

II Ine vernam R 14,1 c 62,2
nie der vogele singen
sô lobesam.
wol dir, sumerwünne! ich bin dem winder gram. 14,15
5 sîn getwanc
wendet mangen süezen sanc
uns allen:
wem sol daz wol gevallen?

III Schône gevar R 14,2 c 62,4 14,20
lît der .. anger
(des nam ich war)
von den rôsen, die der meie sande dar.
5 des ist zît,
daz diu nahtigal ir strît 14,25
behalte:
zergangen ist diu kalte.

IV Hôchgemuot R 14,3 c 62,5
solten sîn die jungen:
daz waere guot. 14,30
„owê", sprach ein geiliu magt, „ich bin behuot.
5 ine getar
vrô gesîn niht offenbâr.
got wolde,
daz niemen hüeten solde! 14,35

V Lieben wân R 14,5 c 62,6 15,5
hât mîn lîp nâch liebe:
deist wol getân.
liep vor allem liebe ich mir ze liebe hân
5 liebe erkorn.
liep ze liebe hât gesworn 15,10
mit eiden:
diu liebe ist ungescheiden.

VI Vriundes rât   *R 14,6 c 62,7*
    gît der vriunt dem vriunde,
        der triuwe hât;   15,15
    vriundes vremden daz tuot wê, swenn ez ergât.
5   mirst geseit,
    vriunt, der vriundes herze treit,
    der machet,
    daz vriundes herze erlachet."   15,20

VII Sunder sal   *R 14,4 c 62,8*
    sint der meide kleider,   14,36
        ir zöphe val.
    solte ich wünschen, sî mües in dem Riuwental
5   vrouwe sîn: 15,1
    so ist diu meisterinne mîn
    des muotes,
    si spilten selten guotes.   15,4

Nr. 14

I   Ine gesach die heide   *R 15,1 C 146 c 21,1 f 16,1*
    nie baz gestalt,
    in liehter ougenweide
    den grüenen walt:
5   bî den beiden kiese wir den meien.   15,25
    ir mägde, ir sult iuch zweien,
    gein dirre liehten sumerzît in hôhem muote reien.

II Lop von mangen zungen   *R 15,2 C 147 c 21,2 f 16,2*
    der meie hât.   15,30
    die bluomen sint entsprungen
    an manger stat,
5   dâ man ê deheine kunde vinden,
    geloubet stât diu linde:
    dâ hebt sich, als ich hân vernomen, ein tanz von
                              [höfschen kinden. 15,35

III Die sint sorgen âne   *R 15,3 C 148 c 21,3 f 16,3*
    und vröuden rîch.

ir mägede wolgetâne
und minneclîch, 16,1
5 zieret iuch, daz iu die Beier danken,
die Swâbe und die Vranken!
ir brîset iuwer hemde wîz mit sîden wol zen
[lanken! 16,5

R 15,4 C 149 c 21,4 ƒ 16,4
IV „Gein wem solt ich mich zâfen?"
sô redete ein maget.
„die tumben sint entslâfen;
ich bin verzaget.
5 vreude und êre ist al der werlde unmaere. 16,10
die man sint wandelbaere:
deheiner wirbet umbe ein wîp, der er getiuwert waere."

V „Die rede soltû behalten", R 15,5 C 150 c 21,5 ƒ 16,5
sprach ir gespil. 16,15
„mit vröuden sul wir alten:
der manne ist vil,
5 die noch gerne dienent guoten wîben.
lât solhe rede belîben!
ez wirbet einer umbe mich, der trûren kan vertrîben."
[16,20

VI „Den soltû mir zeigen, R 15,6 c 21,6 ƒ 16,6
wier mir behage.
der gürtel sî dîn eigen,
den umbe ich trage! 16,25
5 sage mir sînen namen, der dich minne
sô tougenlîcher sinne!
mir ist getroumet hînt von dir, dîn muot der stê von
[hinne."

VII „Den si alle nennent R 15,7 c 21,7 ƒ 16,7 16,30
von Riuwental
und sînen sanc erkennent
wol über al,
5 derst mir holt. mit guote ich im des lône:

durch sînen willen schône 16,35
sô wil ich brîsen mînen lîp. wol dan, man liutet nône!

Nr. 15

R 22,1 c 20,4 und 49,1
I Alle, die den sumer wellen lobelîche enphâhen,
die lâzen in ze guote mîne lêre niht versmâhen:
ich râte, daz die jungen hôchgemuoten 17,1
mit schoenen zühten sîn gemeit und vürhten schame
[ruoten.

R 22,2 c 20,1 und 49,2
II Walt mit niuwem loube sîne grîse hât verkêret:
dâ von vil mangem herzen sîne vreude sint gemêret. 17,5
diu vogelîn, diu der winder het betwungen,
diu singent aber des meien lop baz, dannes ie gesungen.

R 22,3 c 20,2 und 49,3
III Urloup nam der winder, dô die bluomen an der heide
stuonden wünneclîch gevar in liehter ougenweide, 17,10
begozzen mit des süezen meien touwe.
„der het ich gerne ein krenzelîn, geselle", sprach ein
[vrouwe.

R 22,4 c 20,3 und 49,4
IV „Swaz vür trûren hoeret und vür allez ungemüete,
daz bringet uns der meie mit vil manger hande blüete.
[17,15
er heilet, daz der winder het verwundet;
er hât mit sîner süezen kraft der siechen vil gesundet."

R 22,5 c 20,5 und 49,5
V „Vreude ist aller werlde gegen des meien kunft
[erloubet.
owê mir," sprach ein magt, „ich bin der mînen gar
[beroubet; 17,20
dâ von sô lîde ich manger hande swaere,
der ich gein dirre sumerzît mit vuoge wol enbaere."

R 22,6 c 20,7 und 49,7

VI Diu muoter sprach zer tohter: „kumt ez dir von
[mannes schulden?"
„jâ, muoter: ich muoz von der manne schulden zouber
[dulden: 17,25
mich het ein ritter nâhen zim gevangen."
„nu sage mir, liebiu tohter mîn: ist andersiht er-
[gangen?"

R 22,7 c 20,8 und 49,8

VII „Nein dâ, liebiu muoter mîn, des ich gemelden kunde.
er kuste mich; dô het er eine wurzen in dem munde:
[17,30
dâ von verlôs ich alle mîne sinne."
diu alte sprach: „dû bist niht magt: dich rüerent
[mannes minne."

R 22,8 c 20,9 und 49,9

VIII Zorniclîchen sprach diu magt: „ir habt ez wol
[beschoenet.
waz solten mir die vremden tuon, sît ir mich selbe
[hoenet? 17,35
mir ist niht kunt um mannes-minne-rüeren."
diu alte sprach: „dû darft mich niht mit spellen umbe
[vüeren.

R 22,9 c 20,10 und 49,10

IX Wildû, liebez tohterlîn, deich dir die rede zerloese,
sô vliuch die alten Künzen mit ir üppiclîchem koese!
[17,40
diu raetet, daz dich noch her nâch geriuwet. 18,1
si hât mit swinden sprüchen ie vil alter maere
[geniuwet."

Nr. 16

R 23,1 c 23,1[b]

I „Schốn àls ein gólt gruónèt der hágen.
guót màere wíl den vroúwèn ich ságen, 18,5
daz von liehten rôsen
diu heide hât gewant,

Sommerlieder

5 daz beste, daz si vant.
  nu wol ûf, stolziu magedîn! der meie ist in diu lant.

II Nú ist wol breít der líndèn ir ást;   R 23,2 c 23,2ᵇ   18,10
    díu wàs des loúbes hiúwèr ein gást:
    nu ist si wol behangen
    mit sûberlîcher wât.
5   schouwet, wie si stât!
    nu loset, wie diu nahtegal dar nâher strîchen lât! 18,15

III Séht, wiè sich vreút boúm ùnde wíse!   R 23,3 c 23,2ᵃ
    dár àb ich mír hiúwèr gelíse
    von den gelpfen bluomen
    ein kränzel, daz ich trage
5   alle vîretage.   18,20
    nu wol ûf, trûtel Adelheit, dû sprinc, als ich dir sage!

IV Muótèr mín, laéstû mich dár,   R 23,4 c 23,3ᵇ
    stólzlîchen sprínge ích àn der schár
    vor den knappen allen,
    daz sî mir müezen jehen.   18,25
5   selbe soltû sehen,
    daz ich ûf der erde niht gesiffel mit den zehen."

V   „Tóhtèrlîn, tuóstû den gánc,   R 23,5 c 23,4ᵃ
    dér ùns den gímpelgämpèl gesánc,
    der hât sich vermezzen,   18,30
    und werde im dîn ein blic,
5   er lege dir sînen stric.
    wiltû niht hie heime sîn, dir wirt von mir ein zwic."

VI „Zwícke ùnd slége hâstû verlórn.   R 23,6 c 23,4ᵇ
    dû wìlt mir hiúwer reízèn den zórn,   18,35
    daz dû mir verbiutest,
    des er mich hât gebeten.
5   ich gehilfe im treten:
    dû muost hiuwer âne Jiuten dînen garten jeten."

VII „Strích vòn mír bálde ùnde swíc! R 23,7 c 23,5ᵃ   19,1
    heý, strùche, vergên ích dìr den stíc,

dû getuost ein springen,
daz dir ze leide wirt
5 und dînen rucke swirt; 19,5
ich geschaffe, daz dich krot diu reise gar verbirt."

Nr. 17
R 50,1 B 38 c 57,4

I „Schouwet an den walt, wier niuwes loubes rîchet,
wie wol er sîniu grüeniu kleider an sich strîchet!
der hât im der meie
vil gesant. 19,10
5 mägede, sô man reie,
sô sît gemant
alle,
daz wir diu rôsenkrenzel
gebrechen, 19,15
10 soz tou dar an gevalle!

R 50,2 B 36 c 57,2

II Hei, sumer, waz herzen gegen dîner kunft erlachet!
die vogele, die der winder trûric het gemachet,
die singent wünniclîchen
ir gesanc, 19,20
5 welnt in aber tîchen
den sumer lanc.
schalles
phlegent sî des morgens:
gein âbent 19,25
10 sô spil wir kint des balles.

R 50,3 B 37 c 57,3

III Vreude und kurzewîle sul wir uns hiuwer nieten.
got sol den jungen mägden allen das gebieten,
daz sî mit liehter waete
sîn bereit 19,30
5 und den sumer staete
an hövescheit.
winder
hât ez hie gerûmet;
die alten 19,35
10 die suln sîn deste kinder.

R 50,4 B 35 c 57,1

IV Die sumerwünne ich bî der vogele rîde erkande.
die bluomen, die der meie lôste ûz rîfen bande
mit sînem liehten schîne
wolgetân, 20,1
5 het ich Jiutelîne,
sô wolde ich gân
schouwen.
diu linde ist wol behangen 20,5
mit loube.
10 dar under tanzent vrouwen."

R 50,5 B 39 c 57,5

V „Dâ wil ich dîn hüeten," sprach des kindes eide.
„nu gê wir mit ein ander zuo der linden beide!
ich bin mîner jâre 20,10
gar ein kint,
5 wan daz mînem hâre
die locke sint
grîse:
die wil ich bewinden 20,15
mit sîden.
10 tohter, wâ ist mîn rîse?"

R 50,6 B 40 c 57,6

VI „Muoter, die rîsen die hân ich vor iu behalten;
diu zimet einer jungen baz dan einer alten
ze tragen umbe ir houbet 20,20
an der schar.
5 wer hât iuch beroubet
der sinne gar?
slâfet!
waz, ob iu nu ringer 20,25
getroumet,
10 daz ir iuch anders zâfet?"

R 50,7 B 41 c 57,7

VII Wie si den strît liezen, wil ich iu bescheiden:
daz magedîn begunde sîner muoter leiden.
zwêne rôte golzen 20,30
sî verstal
5 einem ritter stolzen

　　　　von Riuwental
　　　　tougen.
　　　　si bôt im bî dem tanze　　　　　　　　　　　　　　20,35
　　　　ein krenzel:
　　10 sô mir got, deist unlougen.

Nr. 18

I 　„Der walt mit loube stât",　　R 56,1 C 276 c 71, 1 und 6
　　sprach ein meit, „ez mac wol mîner sorgen werden rât.
　　bringt mir mîn liehte wât!　　　　　　　　　　　　21,1
　　der von Riuwental uns niuwiu liet gesungen hât:
　5 ich hoer in dort singen vor den kinden.
　　jâne wil ich nimmer des erwinden,
　　ich springe an sîner hende zuo der linden."　　　　21,5

II 　Diu muoter rief ir nâch;　　　R 56,2 C 277 c 71,2
　　sî sprach: „tohter, volge mir, niht lâ dir wesen gâch!
　　weistû, wie geschach
　　dîner spilen Jiuten vert, alsam ir eide jach?
　5 der wuohs von sînem reien ûf ir wempel　　　　21,10
　　und gewan ein kint, daz hiez si lempel:
　　alsô lêrte er sî den gimpelgempel."

III 　„Muoter, lât iz sîn!　　　　　R 56,3 C 278 c 71,3
　　er sante mir ein rôsenschapel, daz het liehten schîn,
　　ûf daz houbet mîn　　　　　　　　　　　　　　21,15
　　und zwêne rôte golzen brâhte er her mir über Rîn:
　5 die trag ich noch hiwer an mînem beine.
　　wes er mich bat, daz weiz niwan ich eine.
　　jâ volge ich iuwer raete harte kleine."

IV 　Der muoter der wart leit,　　R 56,4 C 279 c 71,5 21,20
　　daz diu tohter niht enhôrte, daz si ir vor geseit;
　　iz sprach diu stolze meit:
　　„ich hân im gelobt: des hât er mîne sicherheit.
　5 waz verliuse ich dâ mit mîner êren?
　　jâne wil ich nimmer widerkêren,　　　　　　　21,25
　　er muoz mich sîne geile sprünge lêren."

V Diu muoter sprach: „wol hin! R 56,5 c 71,4
   verstû übel oder wol, sich, daz ist dîn gewin:
   dû hâst niht guoten sin.
   wil dûmitim gein Riuwental, dâ bringeter dich 21,30
 5 alsô kan sîn treiros dich verkoufen. [hin:
   er beginnt dich slahen, stôzen, roufen
   und müezen doch zwô wiegen bî dir loufen."

Nr. 19

I „Wol dem tage, R 25,1 c 74,2
   der al der werlde hôchgemüete trage 21,35
   und vil mangem herzen vröude mêret!
   winder sî gunêret!
 5 der brach uns ze leide
   bluomen an der heide: 22,1
   die stênt aber in liehter ougenweide.

II Nu ist der walt R 25,3 c 74,1 22,10
   schône geloubet, den der winder kalt
   het beroubet: demst ein teil vergolten.
   junge mägde solten
 5 sich stolzlîchen zieren,
   ir gewant ridieren, 22,15
   an die man mit einem ougen zwieren.

III Grôzen schal R 25,2 22,3
    hoer ich die vogele singen über al,
    süezen sanc den âbent und den morgen; 22,5
    ende hât ir sorge:
  5 in kündet sich der meie.
    sumerlîch geschreie
    daz enhoeret niemen, erne reie.

IV Ich wil dar R 25,4 c 74,3 22,17
    stolzelîchen springen an der schar",
    sprach ein maget, „unverwendiclîchen
    mich ze vreuden strîchen. 22,20

5 ich hân, deist âne lougen,
einen ritter tougen
an gesehen mit beiden mînen ougen.

V Dem bin ich holt. *R 25,5 c 74,4*
muoter, dar umbe dû niht zürnen solt: 22,25
ich kum nimmer tac von dînem râte."
„tohter, deist ze spâte.
5 der schuohe und der kleider
springest âne beider.
mir getet dehein mîn kint nie leider." 22,30

VI „Mîner wât *R 25,6 c 74,5*
hân ich durch sînen willen gerne rât,
den ich hân erwelt ûz allen mannen."
„tohter, sage, von wannen
5 er sî, der uns beide 22,35
wil der triuwen scheiden!
kint, erwint und volge dîner eiden!"

Nr. 20
R 48,1 c 50,1
I Ich gesach den walt und al die heide *A Gedrut 13*
nie vor manegen zîten in sô liehter ougenweide:
die hât der meie vür gesant, 23,1
daz si künden in diu lant
5 sîne kunft den vruoten
und al den hôchgemuoten.

II Allez, daz diu werlt nu hât beslozzen, *R 48,2 c 50,2* 23,5
vreut sich sîner künfte wol: der habe wir ê genozzen.
nu sî uns allen willekomen!
manegem herzen ist benomen
5 leit und ungemüete.
er kumt mit maneger blüete. 23,10

R 48,3 c 50,3
III Swer nu sîne brieve hoeren welle *A Gedrut 14*
und sîn lop mit willen helfe in diu lant erschellen,
der lose der lieben nahtigal,
wan ir stimme nie erhal

    5 alsô suoze mêre! 23,15
      der meie habe des êre!

IV   Sprach ein maget: „die wil ich gerne   *R 48,4 c 50,4*
                                   hoeren,   *A Gedrut 15*
    im ze lobe den mînen lîp mit manegem sprunge enboeren.
    ich hân erwelt mir einen sprunc:
    swer den kan, derst lange junc. 23,20
  5 so ich den hôhe springe,
    sô vreut sich mîn gedinge."
                                               R 48,5 c 50,5
V   Ir gespil si vrâgen dô begunde,   *A Gedrut 16*
    daz si ir seite, wer sô guote sprünge lêren kunde:
    „ich kande in gerne, und mähte ez sîn." 23,25
    „triuwen", sprach daz magedîn,
  5 „erst sîn unvermeldet,
    ir lobet in oder ir scheldet."
                                           R 48,6 c 50,6
VI   „Ich mac wol dîn ungevüege schelden: *A Gedrut 17*
    dû muost immer wider mich sô gelfer worte
                                 enkelden. 23,30
    wir hieten beide baz gedagt.
    hiute sî dir widersagt
  5 dienest unde triuwe!
    dîn muot ist iteniuwe."
                               R 48,7 c 50,7 A Gedrut 18
VII   „Sprichest dû, daz ich sî ungevüege? 23,35
    ich weiz einen ritter, der mich an sîn bette trüege,
    daz er mich niht enwürfe hin.
    dû bist leider âne sin,
  5 daz dû mich sô swachest,
    dir selben vîent machest." 23,40

VIII   Ir geselleschefte sî sich schieden.   *R 48,8 c 50,8* 24,1
    niemen kunde ir wehselrede volrecken an den lieden.
    si wurden beide ein ander gram.
    eine ich mir ze trûte nam,
  5 die ich immer triute: 24,5
    daz nîdent ander liute.

IX Swer mich um die wolgetânen nîde, R 48,9 c 50,9
dem wünsch ich, daz im geschehe, daz er unsanfte lîde.
gewinne er immer herzenliep,
daz stel im der minnediep! 24,10
5 vriunt, nu sprechen âmen,
daz wir sîn alle râmen!

Nr. 21

R 51,1 C 110 c 22,1

I „Nu ist der küele winder gar zergangen,
diu naht ist kurz, der tac beginnet langen,
sich hebet ein wünneclîchiu zît, 24,15
diu al der werlde vreude gît;
5 baz gesungen nie die vogele ê noch sît.

R 51,2 C 109 c 22,2

II Komen ist uns ein liehtiu ougenweide:
man siht der rôsen wunder ûf der heide,
die bluomen dringent durch daz gras. 24,20
schône ein wise getouwet was,
5 dâ mir mîn geselle zeinem kranze las.

R 51,3 C 111 c 22,4

III Der walt hât sîner grîse gar vergezzen,
der meie ist ûf ein grüenez zwî gesezzen:
er hât gewunnen loubes vil. 24,25
bint dir balde, trûtgespil!
5 dû weist wol, daz ich mit einem ritter wil."

R 51,4 C 112 c 22,5

IV Daz gehôrte der mägde muoter tougen;
si sprach: „behalte hinne vür dîn lougen!
dîn wankelmuot ist offenbâr. 24,30
wint ein hüetel um dîn hâr!
5 dû muost âne dîne wât, wilt an die schar."

R 51,5 C 113 c 22,6

V „Muoter mîn, wer gap iu daz ze lêhen,
daz ich iuch mîner waete solde vlêhen,

dern gespunnet ir nie vadem? 24,35
lâzet ruowen solhen kradem!
5 wâ nu slüzzel? sliuz ûf balde mir daz gadem!"

           R 51,6 C 115 c 22,7
VI Diu wât diu was in einem schrîne versperret:
daz wart bî einem staffel ûf gezerret.
diu alte ir leider nie gesach: 25,1
dô daz kint ir kisten brach,
5 dô gesweic ir zunge, daz si niht ensprach.

           R 51,7 C 116 c 22,8
VII Dar ûz nam sî daz röckel alsô balde,
daz was gelegen in maneger kleinen valde. 25,5
ir gürtel was ein rieme smal.
in des hant von Riuwental
5 warf diu stolze maget ihr gickelvêhen bal.

Nr. 22

I Der linden welnt ir tolden *R 52,1 c 25,2*
  von niuwem loube rîchen;   25,15
dar under lâzent nahtigal dar strîchen:
si singent wol ze prîse
5 vremde süeze wîse,
doene vil.
si vreunt sich gein dem meien: 25,20
sîn kunft diu ist ir herzen spil.

II Si sprechent, daz der winder *R 52,2 c 25,5*
  hiuwer sî gelenget.
nu ist diu wise mit bluomen wol gemenget,
mit liehter ougenweide   25,25
5 rôsen ûf der heide
durch ir glanz.
der sante ich Vriderûnen
einen [wolgetânen] ... kranz.

III Die vogele in dem walde *R 52,3 c 25,3 25,30*
  singent wünneclîchen.

stolze mägde, ir sult ein niuwez tîchen.
vreut iuch lieber maere!
5 maneges herzen swaere
wil zergân. 25,35
tuot, als ich iuch lêre,
strîchet iuwer kleider an!

IV   Ir brîset iuch zen lanken, *R 52,4 c 25,4*
stroufet ab die rîsen!
wir sulnz ûf dem anger wol wikîsen. 26,1
Vriderûn als ein tocke
5 spranc in ir reidem rocke
bî der schar:
des nam anderthalben 26,5
Engelmâr vil tougen war.

V   Dô sich aller liebes *R 52,5 c 25,8*
gelîch begunde zweien,
dô sold ich gesungen haben den reien,
wan daz ich der stunde 26,10
5 niht bescheiden kunde
gegen der zît,
sô diu sumerwünne
manegem herzen vreude gît.

VI   Nu heizent sî mich singen; *R 52,6 C^b 2 c 25,9* 26,15
ich muoz ein hûs besorgen,
daz mich sanges wendet manegen morgen.
wie sol ich gebâren?
5 mirst an Engelmâren
ungemach, 26,20
daz er Vriderûnen
ir spiegel von der sîten brach.

Nr. 23

R 53,4 C 101 c 28,1 f 13,1

I   Blôzen wir den anger ligen sâhen,
end uns diu liebe zît begunde nâhen,

daz die bluomen drungen durch den klê 26,25
aber als ê.
5 heide diust mit rôsen nû bevangen:
den tuot der sumer wol, niht wê.

II Droschel, nahtigal die hoert man singen, *R* 53,5
von ir schalle berc unt tal erklingen: 26,30
si vreunt sich gegen der lieben sumerzît,
diu uns gît
5 vreuden vil und liehter ougenweide.
diu heide wünneclîchen lît.

R 53,6 *C* 104 *c* 28,1 *f* 13,1
III Sprach ein maget: „die wisen wellent touwen. 26,35
megt ir an dem sumer wunder schouwen?
die boume, die den winder stuonden val,
über al
5 sint si niuwes loubes worden rîche: 27,1
dar under singent nahtigal.

R 53,1 *C* 100 *c* 28,2 *f* 13,2
IV Losâ, wie die vogele alle doenent,
wie sî den meien mit ir sange kroenent!
jâ, waen ich, der winder ende hât. 27,5
Wîerât,
5 sprinc alsô, daz ich dirs immer danke!
diu linde wol geloubet stât.

R 53,2 *C* 102 *c* 28,3 *f* 13,3
V Dâ sul wir uns wider hiuwer zweien.
vor dem walde ist rôsen vil geheien: 27,10
der wil ich ein kränzel wolgetân
ûfe hân,
5 springe ich einem ritter an der hende
in hôhem muote. nû wol dan!"

R 53,3 *C* 106 *c* 28,5 *f* 13,5
VI „Tohterlîn, lâ dich sîn niht gelangen! 27,15
wil dû die ritter an dem reien drangen,

die dir niht ze mâze ensulen sîn,
tohterlîn,
5 dû wirst an dem schaden wol ervunden.
der junge meier muotet dîn." 27,20

R 53,7 C 103 c 28,6 f 13,6
VII "Sliezet mir den meier an die versen!
jâ trûwe ich stolzem ritter wol gehersen:
zwiu sol ein gebûwer mir ze man?
der enkan
5 mich nâch mînem willen niht getriuten: 27,25
er, waen, mîn eine muoz gestân."

R 53,8 C 105 c 28,8 f 13,7
VIII "Tohterlîn, lâ dir in niht versmâhen!
dû wilt ze tumbe ritters künde vâhen:
daz ist allen dînen vriunden leit.
manegen eit 27,30
5 swüere dû: des wis nu âne lougen,
dîn muot dich allez von mir treit!"

R 53,9 C 107 c 28,9 f 13,8
IX "Muoter mîn, ir lâzet iuwer bâgen!
ich wil mîne vriunde durch in wâgen,
den ich mînen willen nie verhal. 27,35
über al
5 müezen sîn die liute werden inne:
mîn muot der strebt gein Riuwental."

Nr. 24

I Der walt R 57,1 C 179 c 24,1 28,1
aber mit maneger kleinen, süezen stimme erhillet:
diu vogelîn sint ir sanges ungestillet;
diu habent ir trûren ûf gegeben.
5 mit vreuden leben 28,5
den meien!
ir mägde, ir sult iuch zweien.

Sommerlieder

II Sô hebet   *R 57,2 C 181 c 24,4*
 sich aber an der strâze vreude von den kinden.
 wir suln den sumer kiesen bî der linden: 28,10
 diu ist niuwes loubes rîch,
5 gar wünneclîch
 ir tolden.
 ir habt den meien holden!

III Daz tou   *R 57,3 C 173 c 24,5* 28,15
 an der wise den bluomen in ir ougen vellet.
 ir stolze mägde, belîbt niht ungesellet,
 zieret wol den iuwern lîp!
5 ir jungiu wîp
 sult reien   28,20
 gein disem süezen meien.

IV „Wie holt   *R 57,4 C 175 c 24,6*
 im daz herze mîn vor allen mannen waere",
 sprach Uodelhilt, ein magt unwandelbaere,
 „der mir lôste mîniu bant!   28,25
5 an sîner hant
 ich sprunge,
 daz im sîn helze erklunge.

V Mîn hâr   *R 57,5 C 178 c 24,7*
 an dem reien solt mit sîden sîn bewunden 28,30
 durch sînen willen, der mîn zallen stunden
 wünschet hin ze Riuwental.
5 des winders zâl
 hât ende.
 ich minne in, deist unwende."   28,35

Nr. 25
          R 58,1 c 70,2
I Vreude und wünne hebt sich aber wîten.
 ir gevrieschet sît künc Karels zîten
 nie vogele schal,
 die baz sungen über al:
5 gar verborgen   29,1
 sint aber alle ir sorgen.

II „Vrô sint nû diu vogelîn geschreiet: *R* 58,2 *c* 70,5
nû belîbe ich aber ungereiet",
sprach Wendelmuot; 29,5
„golzen, rîsen unde huot
5 hât mîn eide
verspart mir vor ze leide."

R 58,3 *c* 70,6
III „Nu sage mir, waz sint·die dînen schulde?"
„ìn weiz, Rîchilt, sam mir gotes hulde, 29,10
wes ich enkalt,
wan daz ich ein vrîheistalt
5 hân versprochen:
daz ist an mir gerochen.

R 58,4 *c* 70,7
IV Der kom dâ her: dô bat er mîn ze wîbe. 29,15
dô zugen si mir daz röckel ab dem lîbe.
jâ müese er mîn
weizgot gar versûmet sîn,
5 er gebûwer!
mich naeme es gar untûwer. 29,20

V Swanne er wânte, deich dâ heime laege *R* 58,5 *c* 70,8
unde im sînes dingelînes phlaege,
würf ich den bal
in des hant von Riuwental
5 an der strâze: 29,25
der kumt mir wol ze mâze."

Nr. 26

I Nu ist vil gar zergangen *R* 54,1 *c* 59,1
der winder kalt,
mit loube wol bevangen
der grüene walt. 29,30
5 wünneclîch
in süezer stimme lobelîch
vrô singent aber die vogele, lobent den meien:
sam tuo wir den reien!

II Al der werlde hôhe   R 54, 2 c 59,3 29,35
    ir muot gestât.   A der junge Sper-
    bluomen in dem lôhe   vogel 34 C her
    mîn ouge hât   Alram von Gresten 5
5   an gesehen.
    ich mac leider niht gejehen,   30,1
    daz mir mîn tougen senediu sorge swinde:
    diust mîn ingesinde.

III Zwô gespilen maere   R 54,3 c 59,4
    begunden sagen,   A Sperv. 35   30,5
    herzensenede swaere   C Alram 6
    besunder klagen.
5   einiu sprach:
    „trûren, leit und ungemach
    hât mir verderbet lîp und al die sinne: 30,10
    da ist niht vreuden inne."

IV „Leit und ungemüete   R 54,4 c 59,5 A Sperv. 37
    ist mir bekant: C Alram 8
    liebes vriundes güete
    mich beider mant.   30,15
5   mirst ein man
    vremde, der hât mir getân,
    dâ von mir lange senediu sorge mêret
    unt mîn herze sêret.

V   Sage bî dînen triuwen,   R 54,5 c 59,6 30,20
    waz wirret dir?   A Sperv. 36 C Alram 7
    lebst in seneden riuwen,
    sô volge mir:
5   habe gedult!
    sîz von liebes mannes schult,   30,25
    daz hil mit allen dînen sinnen tougen!
    gerne ich vür dich lougen."

VI „Dû hoerst eteswenne   R 54,6 c 59,7
    ze einem mâl
    einen ritter nennen   30,30
    von Riuwental.

5 des sîn sanc
  mîn gemüete sêre twanc.
  nu phlege sîn, der des himels immer walte,
  daz er mirn behalte!" 30,35

VII Hân ich indert heime? *R 54,7 c 59,8*
    wâ sol daz sîn?
    ein swalwe klent von leime
    ein hiuselîn,
 5 dâs inne ist 31,1
    sumers ein vil kurze vrist.
    got vüege ouch mir ein hûs mit obedache
    bî dem Lengebache!

Nr. 27

I Komen ist ein wünneclîcher meie: *R 8,1 c 38,1* 31,5
   des künfte envreut sich leider weder phaffe noch der
   si vreut noch baz des keisers komen. [leie;
   kumt er, als ich hân vernomen,
 5 er stillet grôz geschreie.

II Leit mit jâmer wont in Ôsterlande. *R 8,2 c 38,2* 31,10
   jâ wurde er sîner sünden vrî, der disen kumber wande:
   der möhte nimmer baz getuon.
   hie vrumt niemen vride noch suon:
 5 da ist sünde bî der schande.

                                          R 8,3 c 38,3
III Liebiu kint, nu vreut iuch des gedingen, 31,15
    daz got mit sîner güete mange swaere kan geringen!
    uns kumt ein schoeniu sumerzît,
    diu nâch trûren vröude gît.
 5 ich hoer diu vogelîn singen

IV In dem walde sumerlîche wîse. *R 8,4 c 38,4* 31,20
   diu nahtigal diu singet uns die besten wol ze prîse,
   ze lobe dem meien al die naht.
   manger leie ist ir gebraht,
 5 ie lûter danne lîse.

Sommerlieder

R 8,5 c 38,6 31,25
V Dâ bî lobent diu merlîn und die zîsel.
   ûf, Hiltrât, Liukart, Jiutel, Berhtel, Gundrât, Geppe,
   ir zemet wol an des reien schar. [Gîsel!
   Vrômuot sol mit samt iu dar:
5 diust iuwer aller wîsel.

VI Dô si den vil lieben trôst vernâmen, *R 8,6 c 38,5* 31,30
   dô brâhtens ir geleite. dô si ûf den anger quâmen,
   dô wart der meie enphangen wol.
   herze wurden vröuden vol,
5 die mägden wol gezâmen.

R 8,7 c 38,7 31,35
VII Randolt, Gunthart, Sîbant, Walfrit, Vrêne
   die sprungen dâ den reien vor, ie einer, dannoch zwêne:
   deis Diethôch, Uolant, unde Iedunc
   spranc dâ mangen geilen sprunc;
5 an des hant spranc Elêne.

R 8,8 c 38,8 32,1
VIII Vrômuot ist ûz Ôsterrîche entrunnen:
   wir mugen uns ir und Vriderûnen spiegel wol ver-
   den spiegel solte wir verklagen, [kunnen.
   Vrômuot ûf den handen tragen,
5 dies uns her wider gewunnen. 32,5

Nr. 28

I Disiu wandelunge mange vröude bringet, *R 10,1 c 46,1*
   senelîchiu swaere ist al der werlde geringet,
   vil herzen ir gemüete ûf gegen den lüften springet.
   nâch der ich mîn herze tougen swanc
5 unde ir mînen lîp ze dienste twanc, 32,10
   owê, daz mir dâ niht gelinget!

R 10,2 c 46,2
II „Komen ist uns diu wünne, komen ist uns der meie,
   komen sint die bluomen manger hande leie;
   nu koment uns die vogele mit ir süezen schreie;
   komen ist uns diu liebe sumerzît, 32,15

5 diu vil mangem herzen vröude gît.
   sîn trûren niemen langer heie!"

                                        R 10,4 c 46,4

III „Trûtgespil, nu swîge, niht verlius dîn lêren!   33,3
   ob ich dir noch hilfe dîne vröude mêren,
   wer mêret mir die mînen? man sint niht in êren,   33,5
   daz si tougen unser minne gern;
   5 ich wil von in valscher minne enbern:
   die site wellent sich verkêren."

                                        R 10,5 c 46,5

IV   Sâ dô sprach diu ander: „Man sint underscheiden:
   die mit triuwen dienen wîben unde meiden,   33,10
   die selben lâ dir lieben und die boesen leiden!
   ist uns iemen âne herze holt,
   5 dem ist kupher lieber danne golt:
   gehoenet werde er von uns beiden!"

                                        R 10,3 c 46,3

V   Die den wîben hôchgemüete solden machen   32,18
   unde in in diu lôsen ougen solden lachen,
   die habent sich bewollen mit sô vremden sachen,   32,20
   daz hie bevor den Tiutschen wilde was.
   5 ja ist er niht der wîbe spiegelglas,
   der sî ze vrevel wil geswachen.

                                        R 10,8 c 46,7

VI   Wîlen, dô die herren hôher minne phlâgen   32,36
   und dô sî bî herzenliebe gerne lâgen,
   dô kunde sî vor liebe der minne niht beträgen.
   nu ist ez an die valschen minne komen:
   5 diu hât der wernden minne ir lop benomen.   33,1
   niemen sol mich fürbaz vrâgen.

                                        R 10,6 c 46,6

VII Stüende ez in der werlde alsam vor drîzec jâren,   32,24
   der mich danne trûriclîchen saehe gebâren,   32,25
   der solde mich zehant behiuten unde behâren:
   jâ waere ich ungevüeger zühte wert.
   5 ja ist iz hiuwer boeser danne vert.
   daz leben mir beginnet swâren.

R 10,7 c 46,8

VIII Der uns nû die Diutschen und die Bêheim baete, 32,30
    daz si niht enbranten, unze man gesaete,
    und daz ein ieglîch herre díu kleit von im taete,
    diu man vor den vrouwen niht sol tragen,
5 dâ von wolde ich singen unde sagen,
    und belibe der fride noch staete. 32,35

Nr. 29

I Durch des landes êre   *R 55,1*   33,15
    muoz ich brechen
    mîn versprechen
    unt durch vriunde lêre,
5 die nu wellent niht enbern,
    ich enmüeze ir bete gewern 33,20
    und singen aber mêre.

II Kunde ich nû gesingen,   *R 55,2*
    daz die jungen
    gerne sungen
    nâch dem ungelingen, 33,25
5 den diu werlt an vreuden hât,
    diu mit trûren umbe gât!
    wer kan die nôt geringen?

III Welt ir liebiu maere   *R 55,3*
    gerne hoeren? 33,30
    (trûren stoeren
    kumt uns lobebaere):
5 da ist der meie und al sîn kraft:
    er und sîn geselleschaft
    diu ringent manege swaere. 33,35

IV Vruht ûf al der erde   *R 55,4*
    ist betouwet
    (alle schouwet!)
    aber in vollem werde. 34,1

5 daz genuoge ringe wiget,
   meie hât im an gesiget,
   dô sich diu zît verkêrde.

V Nu ist der walt gezieret   R 55,5   34,5
   und diu heide
   mit ir kleide
   lieht wol geveitieret.
5 mit in brâhtens ûz der nôt
   brûne, blâwe bluomen, rôt   34,10
   mit rôsen underwieret.

VI Hie mit sî gesungen   R 55,6
    den ze hulden,
    die von schulden
    wol nâch vreuden rungen   34,15
5   unde ouch jugende waeren wert:
    swâ diu jugent niht vreude gert,
    da ist Ére ûz phade gedrungen.

Winterlieder

Nr. 1

I Winder, uns wil dîn gewalt *R 35,1 d 4,1* 35,1
   in die stuben dringen
   von der linden breit:
   dîne winde die sint kalt.
5 lerche, lâ dîn singen! 35,5
   dir hât widerseit
   beide rîfe und ouch der snê;
   dû muost stille swîgen:
   sô klag ich den grüenen klê.
10 meie, ich wil dir nîgen; 35,10
   mir tuot der winder wê.

II Tanzet, lachet, weset vrô! *R 35,2 d 4,2 z 28,1*
    daz zimt wol den jungen
    disen winder lanc.
    iu ze stiuwer gibe ich sô 35,15
5   hiwer von mîner zungen
    einen niuwen sanc,
    daz ir âne swaeren muot
    vreude mugt erbîten.
    Engelmâr, dîn stube ist guot: 35,20
10 küele ist an der lîten.
    der winder schaden tuot.

III Etzel, Ruoze und Adelber *R 35,3 d 4,3 z 28,2*
     und der geile Rüele
     zesamen hânt gesworn 35,25
     alle ûf einen dörper hêr:

5 derst von Wītenbrüele
und brüevet grôzen zorn.   36,1
daz enkunde ich ê noch sît
nie voltagedingen,
Rüele enwolte enwiderstrît
10 an dem reien springen: 36,5
daz was Lanzen nît.

IV Lanze eine treien treit,   *R 35,4 d 4,4 z 28,3*
diu ist von barchâne,
grüene alsô der klê.
ze wîge hât er sich bereit: 36,10
5 er lebet in dem wâne,
daz im niht widerstê.
dar in er gesteppet hât
ein guot îsnîn hemde.
limmende als ein ber er gât;   36,15
10 guot muot ist im vremde.
erst kint, der in bestât.

Nr. 2

I Mir tuot endeclîchen wê,   *R 36,1 C 132 c 115,1 d 6,1*
daz den winder niemen des erwenden mac,
er entwinge uns abe   36,20
beide bluomen unde klê,
5 dar zuo mangen liehten wünneclîchen tac
(deist mîn ungehabe):
die beginnent leider alle truoben;
hin gescheiden ist ir zil.   36,25
bickelspil
10 wil sich aber in der stuben uoben.

II Des wil Küenzel meister sîn: *R 36,2 C 133 c 115,2 d 6,2*
der verbiutet lachen, sprechen, winkelsehen;
deist durch in getân.   36,30
des ersmieret Jiutelîn.
5 uchuch! der muoz an ir hant vil wê geschehen,
des ich sorge hân:

diu wart hiuwer wunt in einen vinger,
dôs ir muomen gersten sneit. 36,35
mir ist leit:
10 trûther Küenzel, slaht ein wênic ringer!

       R 36,5 C 137 c 115,6 d 6,3

III Zickâ, wie si mir geviel, 37,29
dô ich rehte erblihte, wie si was getân! 37,30
wol stuont ir daz hâr
unde ir rôsenvarwer triel.
5 dô bat ich die guoten zuo mir sitzen gân;
sî sprach: „ine getar:
mirst verboten, daz ich mit iu iht rûne 37,35
noch zuo ziu niht sitzen sol.
tuot sô wol,
10 vrâget Heilken dort bî Friderûnen!"

     R 36,6 C 138 C^b 1,1 c 115,7 d 6,4

IV Heilken vrâgen ich began,
wer dem kinde sîne vreude het erwert: 37,40
daz tet sî mir kunt: 38,1
„dâ ist Elle schuldic an,
5 von der uns vil manic bunkel ist beschert."
dô sprach Künegunt:
„ diu müet uns ze kirchen und ze strâze, 38,5
dazs uns allen machet wart:
Iremgart,
10 triuwen, dâ soltû si umbe hazzen."

       R 36,3 C 134 c 115,3 d 6,5

V Hie mit sul wir des gedagen: 36,38
sprechen von den kinden, diu dar sint gebeten
ûf den gofenanz! 37,1
Jiutel sol in allen sagen,
5 daz si dâ mit Hilden nâch der gîgen treten.
michel wirt der tanz.
Diemuot, Gîsel gênt dâ mit ein ander; 37,5
al daz selbe Elle tuot.
Wendelmuot,
10 wergot! ruof uns Künzen durch diu lander!

VI Sage ir, daz der man sî hie, R*36,4* C*135* c*115,4* d*6,6*
    dazs ein kleinez röckel unde ir mantel trage,   37,10
    obs in welle sehen!
    des hât sî gewünschet ie:
 5 nû kumt ez ir rehte gein dem vîretage:
    dâ lâz ez geschehen!
    bit si, dazs ir in ir geuchel binde!   37,15
    mir ist lieber, kumt si her,
    danne, ob er
10 sî dâ heime in swacher waete vinde.

VII Künze dô niht langer beit, R*36,7* C*136* c*115,5* d*6,7*
    sîne gienge, dar ir Wendelmuot gebôt: 37,20
    seht, dar was ir gâch!
    schiere hets sich an geleit:
 5 beide sîten wâren ir von sîden rôt;
    lützel gieng ir nâch.
    swer diu lant nâch wîben gar durchvüere,   37,25
    der deheiner gunde ich baz
    (wizzet daz!)
10 mîner lieben muoter zeiner snüere.

Nr. 3

R*27,1* C*139* c*106,1*

I   Kint, bereitet iuch der sliten ûf daz îs!
    da ist der leide winder kalt: 38,10
    der hât uns der wünneclîchen bluomen vil benomen.
    manger grüenen linden stênt ir tolden grîs;
 5 unbesungen ist der walt:
    daz ist allez von des rîfen ungenâden komen.
    mugt ir schouwen, wie er hât die heide erzogen?   38,15
    diust von sînen schulden val.
    dar zuo sint die nahtigal
10 alle ir wec gevlogen.

R*27,2* C*141* c*106,2*

II Wol bedörfte ich mîner wîsen vriunde rât
    umbe ein dinc, als ich iu sage,   38,20
    daz si rieten, wâ diu kint ir vreuden solten phlegen.
    Megenwart der wîten stuben eine hât:
 5 obz iu allen wol behage,

dar sul wir den gofenanz des vîretages legen.
ez ist sîner tohter wille, kom wir dar. 38,25
ir sultz alle ein ander sagen.
einen tanz alum die schragen
10 brüevet Engelmâr.

R 27,3 C 142 c 106,3

III Wer nâch Künegunde gê, des wert enein!
der was ie nâch tanze wê; 38,30
ez wirt uns verwizzen, ist daz man ir niht enseit.
Gîsel, ginc nâch Jiuten hin und sage in zwein,
5 sprich, daz Elle mit in gê!
ez ist zwischen mir und in ein starkiu sicherheit.
kint, vergiz durch niemen Hädewîgen dâ, 38,35
bit si balde mit in gân!
einen site si sulen lân:
10 binden ûf die brâ.

*R 27,4¹ (und noch einmal² am
unteren Rande) C 143 c 106,4*

IV Got gebiete den jungen wîben über al,
die der mâze wellen sîn, 39,1
daz si hôchgemuoten mannen holdez herze tragen,
ruckenz vorne hôher, hinden hin ze tal,
5 decken baz daz näckelîn!
war zuo sol ein tehtier âne ein collier umbe den kragen?
wîp sint sicher um daz houbet her gewesen,
daz et in daz niemen brach.
swaz in anderswâ geschach,
10 des sints ouch genesen.

R 27,5 C 145 c 106,6

V Eppe zuhte Geppen Gumpen ab der hant; 39,10
des half im sîn drischelstap:
doch geschiet ez mit der riutel meister Adelber.
daz was allez umbe ein ei, daz Ruopreht vant
5 (jâ, waen, imz der tievel gap):
dâ mit drôte er im ze werfen allez jenenther. 39,15
Eppe der was beidiu zornic unde kal;
übellîchen sprach er: „tratz!"
Ruopreht warf imz an den glatz,
10 daz ez ran ze tal.

R 27,7 C 144 c 106,5

VI [Frideliep bî Götelinde wolde gân: 39,20
des het Engelmâr gedâht.
wils iuch niht verdriezen, ich sag iu daz ende gar:
Eberhart der meier muoste ez understân;
5 der wart zuo der suone brâht:
anders waere ir beider hende ein ander in daz hâr. 39,25
zwein vil oeden ganzen giengen sî gelîch
gein ein ander al den tac.
der des voresingens phlac,
10 daz was Friderîch.]

R 27,6 C 140 c 106,7

VII Hie envor dô stuont sô schône mir mîn hâr, 39,30
umbe und umbe gie der spân.
des vergaz ich, sît man mich ein hûs besorgen hiez:
salz und koren muoz ich koufen durch daz jâr.
5 wê, waz het ich im getân,
der mich tumben ie von êrste in disen kumber stiez? 39,35
mîne schulde wâren kleine wider in.
mîne vlüeche sint niht smal,
swanne ich dâ ze Riuwental
10 unberâten bin.

Nr. 4

R 33,1 O 22 c 104,1 d 14,1

I „Sinc an, guldîn huon! ich gibe dir weize", 40,1
(schiere dô
wart ich vrô)
sprach si, nâch der hulden ich dâ singe:
5 alsô vreut den tumben guot geheize 40,5
durch daz jâr.
würde ez wâr,
sô gestuont nie mannes muot sô ringe,
alsô mir der mîne danne waere.
10 mac si durch ir geilicheit 40,10
mîniu leit
wenden? ja ist mîn kumber klagebaere.

Winterlieder

R 33,3 K2 O 23 c 104,2 d 14,3

II Los ûz! ich hoer in der stuben tanzen. 40,25
 junge man,
 tuot iuch dan!
 da ist der dorefwîbe ein michel trünne.
5 dâ gesach man schône ridewanzen.
 zwêne gigen; 40,30
 dô si swigen
 (daz was geiler getelinge wünne),
 seht, dô wart von zeche vor gesungen!
10 durch diu venster gie der galm.
 Adelhalm 40,35
 tanzet niwan zwischen zwein vil jungen.

R 33,2 K1 O 24 c 104,4 d 14,2

III Rûmet ûz die schämel und die stüele! 40,13
 heiz die schragen
 vuder tragen! 40,15
 hiute sul wir tanzens werden müeder.
5 werfet ûf die stuben, sô ist ez küele,
 daz der wint
 an diu kint
 sanfte waeje durch diu übermüeder! 40,20
 sô die voretanzer danne swîgen,
10 sô sult ir alle sîn gebeten,
 daz wir treten
 aber ein hovetänzel nâch der gîgen:

K 3 c 104,3 d 14,4

IV Gôzbreht, Willebolt, Gumpreht und Eppe, 144,1
 Willebreht,
 meiers kneht,
 Werenbolt und ouch der junge Tuoze,
5 Megenbolt, des meiers sun, und Reppe, 144,5
 Irenwart,
 Sigehart,
 Gîselher und Fridegêr und Uoze:
 der ist ein vil tumber Holingaere;
10 er gêt vrîen durch daz jâr 144,10

(des nemt war!)
unde ist doch den meiden gar unmaere.

       R 33,4 K 4 O 25 c 104,5 d 14,5
V Sâht ir ie gebûren sô gemeiten,   40,37
 als er ist?
 wizze Krist!
 er ist al ze vorderst anme reien.   40,40
5 niuwen vezzel zweier hende breiten   41,1
 hât sîn swert.
 harte wert
 dünket er sich sîner niuwen treien:
 diust von kleinen vier und zweinzec tuochen, 41,5
10 di ermel gênt im ûf die hant:
 sîn gewant
 sol man an eim oeden·kragen suochen.

       R 33,5 K 5 O 26 c 104,6 d 14,6
VI Dörperlîch stât allez sîn gerüste,
 daz er treit.   41,10
 mirst geseit,
 er sinn Engelboltes tohter Âven:
5 den gewerp erteile ich im ze vlüste.
 si ist ein wîp,
 daz ir lîp   41,15
 zaeme wol ze minne einem grâven;
 dâ von lâze er sich des wîsen tougen!
10 zecke er anderthalben hin!
 den gewin
 trüege er hin ze Meinze in sînem ougen. 41,20

       R 33,6 K 6 c 104,7 d 14,7 C 172
VII Imst sîn treie nie sô wol zerhouwen
 noch sîn kel
 nie sô hel,
 er enmüge sî sîn wol erlâzen.
5 disen sumer hât er sî gekouwen   41,25
 gar vür brôt.
 schamerôt

wart ich, dô si bî ein ander sâzen.
wirt si mir, der ich dâ gerne diene,
10 guotes gibe ich ir die wal,   41,30
Riuwental
gar vür eigen: deist mîn Hôhiu Siene.

Nr. 5

I   Nu ist der leide winder hie: *R 34,1 c 119,1*
des verdriuzet junge zuo den alten.
welch rât wirt der kleinen vogelîne?   41,35
man gesach mich stolzer nie.
5 hât diu heide rôsen vür behalten,
sô mans in dem meien siht erschînen,
den kinden singe ich niuwen sanc.
daz wirt aber Wîerât ein epfeltranc,   42,1
ê daz siz gelerne;
10 wan diu hoeret mîn geplätze gerne.

II   Ûf der linden liget meil: *R 34,5 c 119,2*   42,34
dâ von ist der walt des loubes âne   42,35
und diu nahtegal ir herze twinget.
wirt si mir, sô hân ich heil,
5 diech dâ meine: deist diu wolgetâne,
diu mir mîn gemüete dicke ringet.
wol ir, daz si saelic sî!   43,1
swer si minnet, der belîbet sorgen vrî;
si ist unwandelbaere:
10 wîten garten tuot si rüeben laere.

III   Es ist noch niht vol ein jâr,   *R 34,3 c 119,3*   42,14
daz si saz und vrouwen vil genuoge.   42,15
dô begunde sî mich seine grüezen.
ûf mîn triuwe, daz ist wâr:
5 sî gap mir ze koufen in dem kruoge,
dâ mit wir der minne schaden büezen.
doch muos ich ze jungist sagen: 42,20

dô wart wunder slege ûf mîne hant geslagen;
sô si sî zunêren!
10 ....

IV   Nû wol ûf, kint, welt ir dar   *R 34,2 c 119,4*   **42,4**
     in den meierhof ze Hademuote!   **42,5**
     dâ verwaene ich mich der massenîe:
     Engelpreht und Adelmâr,
 5   Friderîch in der gazzen, Tuoze, Guote,
     Wentel unde ir swester alle drîe,
     Hiltburc, ein vil schoenez kint,   **42,10**
     Jiutel unde ir muomen tohter Ermelint;
     Trûten swester Brîde
10   spilt mit Eppen umbe ein vingerîde.

                                         R 34,4 c 119,5
V   Waz ich durch den guoten kneht   **42,24**
     niuwer schuohe dürkel hân gemachet   **42,25**
     und vil mangen liehten tac versûmet,
     den si heizent Engelbreht!
 5   der giht, unde er sî mit mir verswachet.
     doch hât sî im sîne strâze gerûmet:
     seht, des gie ir grôziu nôt!   **42,30**
     wande er kou si tägelîch vür schoenez brôt.
     wê, wiez mir erbarmet,
10   daz ir vuoz bî vremdem viwer erwarmet!

                                R 34,6 C Her Göli 18 c 119,6
VI   Stüende iz noch an mîner wal,   **43,5**
     sô naem ich die schoenen zeiner vrouwen,
     der ich mich doch nimmer wil verzîhen.
     kumt si mir ze Riuwental,
 5   sî mac grôzen mangel wol dâ schouwen:
     von dem ebenhûse unz an die rîhen   **43,10**
     dâ stêt iz leider allez blôz:
     jâ mach ichs wol armer liute hûsgenôz.
     doch ding ich ze lîbe,
10   kumt mir trôst von einem schoenen wîbe.

Nr. 6

R 42,1 c 79,1

I Verboten ist den kleinen vogelînen
ir gesanc,
diu den sumer sungen über al.
nu siht man leider lützel bluomen schînen:
5 des ist lanc,
daz si von dem rîfen wurden val.
aber dâ
sint die tage trüebe.
diu naehste in mînem garten rüeben grüebe,
10 diu tanze ûf mîner slâ!

R 42,2 c 79,2

II Wol ir! sî ist ein wîp in hôhem prîse,
lobesam
unde ist aller wandelunge vrî.
nu râten mîne vriunt! ich bin niht wîse:
5 si ist mir gram;
wande ich bin bewarren wider sî.
ditze jâr
wâren ir wol drîe,
die ir in den ôren lâgen als diu bîe,
10 sôs immer kômen dar.

R 42,3 c 79,3

III Die selben wolden gerne mich verdringen
alle drî,
vunden sî gehengen inder dâ.
ich muoz si et weizgot ûz ir kreize bringen,
5 daz si sî,
daz die dörper ninder wizzen, wâ.
ich bewar,
daz er mit ir iht rûne,
jener Wasegrim, oder Adelhûne,
10 swie verre ich von ir var.

IV Den zweien bin ich vîent als eim wolve *R 42,4 c 79,4*
durch den haz,
daz si gênt ûf mînen umbesweif.
ich het ez ie ze nîde an Egelolve,

    5 daz er saz 44,10
      bî ir unde ouch etewenne greif
      mit der hant
      hin, dâ wir daz suochen,
      dâ mit wir uns bî der minne beruochen:
  10 niht nâher er erwant. 44,15

                                                                        R 42,5 c 79,5
V   Er tôre, und werdent sîn ir bruoder inne,
     daz er sich
     alsô sêre nâch ir minne sent,
     ez wirt im weizgot ein vil sûriu minne.
    5 wil er mich 44,20
     vil gereizen, sô wirt er gedent
     durch den tanz
     bî sîm reiden hâre
     (habe ûf mînem schuohe!) in disem jâre,
  10 bestê sîn houbet ganz. 44,25

                                                                        R 42,7 c 79,7
VI „Ich wil mich gegen der süezen minne brütten",
     sprach Merhenbreht,
     „würd mîns meisters acker nimmer garn,
     und solde ich ir daz näckelîn zerütten
    5 (daz ist sô sleht), 44,30
     daz kund Adelhûne niht bewarn.
     Ekkerîch,
     swaz er dran gewinne,
     daz er nâch meier Guoten tohter sinne,
  10 an sînen stein daz strîch!" 44,35

Nr. 7

I „Owê mir dirre nôt!"   *R 30,1 C 249 c 128,1*
    sprach ein wîp: „der sumer wil zergân;
    des gewinne ich lîhte noch vor leide ein grâwez hâr.
    ich sihe die bluomen rôt 45,1
  5 vor dem walde trûriclîchen stân.

die heten alsô liehten schîn: nu valwents aber gar.
möhten uns die bluomen alsô schoene sîn beliben,
seht, der würde mir vil lîhte noch ein kranz! 45,5
wande ir glanz
10 hât mir mîner swaere vil vertriben."

II Diu heide ist gar verblüet, *R 30,2 C 250 c 128,2*
die rôten tolden rîsent valwe nider:
daz machent in die sorgen, die si zuo dem rîfen hânt. 45,10
owê, wie sî der müet,
5 er oukolf! kumt der sumer immer wider,
der machet sî sô wol gevar, dazs aber schône stânt.
muschâ mirz, wiez Gîsel dâ mit tanze tîchen sol!
seht, des hilfet Jiutel, Berhtel, Iremgart! 45,15
Eberhart
10 der gât an ir hant: sô ist im wol.

III Ich kom an eine stat: *R 30,3 C 251 c 128,3*
triuwen, dâ was höfscher kinde vil.
si heten einen tanz, der was dem vletze gar ze wît. 45,20
zuo einer ich getrat;
5 ir muoter sprach: „waz, ob ich des niht wil,
daz ir mit ir iht rûnet? woy, daz ir verwâzen sît!
lât si mit genâden, zecket anderthalben hin!
ir hoert wol, daz sî mit iu niht rûnen kan: 45,25
aller man
10 gât si vrî, die wîle ich lebendic bin."

IV „Muoter, zürnet niht, *R 30,4 C 252 c 128,4*
machet mir daz beiten niht ze lanc!
beitet unze morgen, seht, sô muoz ich im versagen! 45,30
als in mîn ouge an siht,
5 von im sô treit mich aller mîn gedanc;
des gât mir nôt: jâ wart ich vert vil wol durch in zerslagen.
wê, wiez mir versmâhet, daz ez mir durch in geschach!
vrouwe, nû wis im durch mînen willen gram! 45,35
ich tuon sam.
10 jâ ist erz, den ie mîn lîp versprach.

V Si hât sich mîn erwert. R 30,5 c 128,5
   wie rehte kûme sî daz hât getân!
   si zeigte mir den wolves zant, dâ sî vil ebene saz. 45,40
   ob sî nu wol gevert, 46,1
5 sô muoz ouch mir mîn dinc nâch heile ergân.
   zwinze ich hiute, jâ gesihe ich lîhte morgen baz.
   argiu wîp gelônent selten guoten mannen wol,
   swer der triuwe suochet, dâ ir lützel ist. 46,5
   deist ein list,
10 der si doch vil kleine helfen sol.

VI Nu sorge ich hinder mich, R 30,6 C 254 c 128,6
   wie sich mîn vrouwe mêre an mir bewar.
   ich weiz wol, si denket mîn, in swelher mâze ez sî: 46,10
   si sündet anders sich,
5 wan ich mit grôzen triuwen von ir var.
   getörste ich, jâ waer ich ir zallen zîten gerne bî;
   ich widersitze'n salman, in des handen sî dâ stât,
   er sels anderthalben hin, dan ich sîn bite: 46,15
   solhen site
10 man dâ heime in mîner pharre hât.

VII Mîn schimphen half an ir. R 30,7 C 253 c 128,7
    dô sî des zornes muotes widerwant,
    si brâhte mich des inne, daz ir zürnen was ein troum: 46,20
    vriunde wurde wir.
5   si gie des tages vil gar an mîner hant,
    die wîle ich bî dem tanze was: des nam ir Matze goum;
    sî sprach: „vrouwe, tuot sîn niht! ir komts in grôzen nît."
    mit der rede kunde sirz verbieten nie. 46,25
    an diu knie
10 trahte mir diu selbe dieren sît.

Nr. 8

I Wie sol ich die bluomen überwinden, R 31,1 c 82,1
   die sô gar verdorben sint?
   die siht man nu nindert, sô mans in dem meien sach. 46,30
   ir vergezzet niht der grüenen linden

5 (wê, wâ tanzent nû diu kint?
diu was uns den sumer vür die heizen sunne ein dach):
diu ist grüenes loubes worden âne;
des bin ich dem winder gram, 46,35
sît er uns die rôsen ab der heide nam,
10 die dâ stuonden hiuwer wolgetâne.

II Mîne vriunde, râtet, wiech gebâre *R 31,2 c 82,2*
umbe ein wîp, diu wert sich mîn! 47,1
die begreif ich, dâ si flahs ir meisterinne swanc.
diu wert sich des êrsten vil undâre;
5 doch tet sî ze jungist schîn,
daz si mir ze starec was und ich ir gar ze kranc. 47,5
leider lützel half mich dô mîn ringen;
doch versuochte ich sîn genuoc,
mangen ungevüegen bûz, den sî mir sluoc.
10 sî sprach: „liupper, sitzet, lât mich swingen!"
R 31,3 c 82,3
III Ich begunde mit der guoten schimphen, 47,10
alsô mich daz herze hiez.
lîse greif ich dort hin, dâ diu wîp sô slündic sint.
dicke zeigtes mir ir ungelimphen:
5 in dem tûsche sî mich stiez
mit der viuste gên den brüsten, daz ich wîte ergint. 47,15
„lât mich würken, leider vüdestecke!
iuwer lîp ist ungeseit.
vreischet ez mîn muome, jâ kiut sî mir leit,
10 daz ich immer iht mit iu gezecke."
R 31,4 c 82,4
IV Grôziu kraft diu was uns beiden tiuwer 47,20
von dem ringen, daz wir dô
mit ein ander tâten umbe ein dinc, des ist nu site.
sehse biren briet si bî dem viuwer:
5 der gap mir diu vrouwe zwô;
viere az si selbe: dâ labt sî daz herze mite. 47,25
heten wir des obezes niht vunden,
ich waer in mîn ouge tôt.
och, zwiu lîde ich armer alsô grôze nôt?
10 wes hân ich mich tumber underwunden?

R 31,5 c 82,5

V Langiu maere lât iu kurzer machen, 47,30
   swiez umb allen spot ergê!
   ich gesach nie jungez wîp sô grimmeclîch geslahen.
   ich muoz dicke ir schimphes vil gelachen:
5 waz dar umbe, was mir wê?
   daz versuonte sî ouch sît ûf einer derreblahen. 47,35
   bî ir muomen hûse und einem hecke
   kom ich zir: des was si geil.
   mînes guotes wart ir dâ daz beste teil:
10 dâ liez ich der vrouwen Siuftenecke.

Nr. 9

R 17,1 und 43,1 c 96,1

I Nu ist der kleinen vogelîne singen 48,1
   und der liehten bluomen schîn vil gar zergân.
   wolde ein wîp mir liebez ende bringen,
   mir waer, als ichs immer bêde solde hân,
5 diu mich ir genâden ie verzêch von kindes beine; 48,5
   doch bit ich die guoten, dazs ir triuwe an mir erscheine,
   mînes herzen küneginne ich meine.

II Niemen sol an vrouwen sich vergâhen. *R 17,2 c 96,2*
    des wart ich wol inne: mirst diu mîne gram.
    der getrat ich leider alsô nâhen, 48,10
    daz ich ûz ir hende ein glesîn grüffel nam
5   (daz wart ir gekoufet: in der krâme stuont es veile):
    daz wart mir verwizzen sît nâch grôzem mîme unheile,
    dô si reit mit kinden ûf dem seile.

R 17,3 c 96,3

III Wan daz guote liute mir gewâgen, 48,15
     jâ waer ich gehoenet umbe ir rôtez glas.
     sî begunde mich in zorne vrâgen:
     sagt mir „liupper herre, dûhte ich iuch sô blas,
5   daz ir mir mîn grüffel nâmet unverdienter dinge?
     jâne wil ich nimmer iuwern treierôs gesingen 48,20
     noch nâch iu den reien niht enspringen."

Winterlieder

IV „Vrouwe, zallen dingen hoeret mâze: *R 17,4 c 96,4*
zürnet sô, daz iu der zorn iht missezem!
mîne stîge gênt an iuwer strâze:
schaffet, daz man mir ein phant dar umbe iht nem!" 48,25
5 „wâ gesâhet ir ie wîp die man alsô gephenden?
jâ getrûwe ichz sust nâch mînem willen wol volenden."
nâch dem grüffelîne muose ich senden.

V Ich gesach nie jungez wîp sô lôse, *R 17,5 c 96,5*
diu ir lîp den mannen kunde baz versagen   48,30
unde ir werkes immer iht verbôse.
hei, sold ich daz heu mit ir hin hinder tragen,
5 als wir hie bevor in unser gämelîche tâten!
vaste wir ez mit den vüezen zuo dem zûne trâten
mangen âbent vruo und sunder spâten.   48,35

VI Si ist an allen dingen wol ze prîsen *R 17,6 c 96,6*
noch ist in dem kreize niemen alsô wert.
ir gebende ist niwan glanze rîsen:
wol genaetiu hüetel truoc si dannoch vert.
5 wirt si mir, ich hân mîn leit mit vröuden
 [überwunden. 48,40
ich waen, alle, die der sint, ein bezzer kint niht vunden, 49,1
wan daz ir diu vüezel sint zeschrunden.

VII Ich bin von der guoten ungescheiden *R 43,2 c 96,7*
mînes lîbes und der ganzen triuwen mîn.
wol gelinge uns mit ein ander beiden!   49,5
sî sol mîn gewaltic zeinem vriedel sîn.
5 maneger sagt den wîben von dem guote grôzen griule:
kumt si mir ze Riuwental, si vindet dürre miule;
dâ ist rede ein wint, ein slac ein biule.

In c 96,7 lautet der Aufgesang:

In swelhem hûse ich dürre miule weste,
dâ koem ich mit mînem willen nimmer hin.
ez dunket mich ein boesiu herren veste,
dâ der mangel zallen zîten würset in.

Nr. 10

I Dô der liebe summer   *R 16,1 C*ᵇ*1,5 c 98,1*   49,10
ureloup genam,
dô muose man der tänze
ûfm anger gar verphlegen.
5 des gewan sît kummer
der herre Gunderam: 49,15
der muose ouch sîn gestränze
dô lâzen under wegen.
der ist bickelmeister disen winder:
10 oeder gouch ist in dem lande ninder,
sîn rûmegazze kaphet zallen zîten wol hin hinder. 49,20

II Waz er an den meiden   *R 16,2 C*ᵇ*1,6 c 98,2*
wunders dâ begât,
ê daz mîn vrouwe Schelle
volende ir gebot!
5 erst vil unbescheiden: 49,25
wan swelhe er bestât,
diu wirt von slegen helle
und mîdende den spot;
dâ von lâzen alle ir smutzemunden,
10 des die jungen niht verheln enkunden!   49,30
des hât ir hant von solher meisterschefte dicke
                                                             [enphunden.

III Immer, sô man vîret,   *R 16,3 C*ᵇ*1,7 c 98,3*
sô hebent sî sich dar
mit einer samenunge,
den ich wol schaden gan.   49,35
5 Werenbreht der lîret,
sô sumbert Sigemâr.
daz in dâ misselunge,
daz laege et eben an!
daz sich doch vil lîhte mac verrîden: 50,1
10 wellents ir getelse niht vermîden,
sich mugen zwêne an mîner weibelruoten wol versnîden.

IV Koeme ich zeinem tanze,   *R 16,4 C*ᵇ*1,9 c 98,4*
dâs alle giengen bî,   50,5

dâ wurde ein spil von hende
mit beiden ekken zuo.
5 lîhte geviele ein schanze,
daz vor mir laegen drî.
ich hielte ez âne wende, 50,10
verbüte ez einer vruo.
sige und saelde hulfen mir gewinnen,
10 daz si halbe müesen dan entrinnen.
nu ziehen ûf und lâzen in ir gogelheit zerinnen!

V Sîne weidegenge *R 16,5 C*ᵇ *1,8 c 98,7* 50,15
die verewent mich grâ,
swenn er verwendeclîchen
vür mîne vrouwen gât.
5 trîbet erz die lenge,
bestât er danne dâ, 50,20
man hilft im ûz der kîchen,
daz er vil riuwic stât.
er und etelîcher sîn geselle,
10 den ich tanzent an ir hant ersnelle,
des sî gewis, ich slahe in, daz sîn offen stât ein elle! 50,25

VI Im hilft niht sîn treie *R 16,6 C*ᵇ *1,10 c 98,5*
noch sîn hiubelhuot;
ez wirt im in getrenket:
er zuhte ir einen bal.
5 erst ein toerscher leie; 50,30
sîn tumbelîcher muot
der wirt im dâ bekrenket.
wil er vür Riuwental
hin und her sô vil gewentschelieren,
10 er wirt wol zezeiset under vieren. 50,35
her Werenbreht, waz mag ich des, wirt im der umbe-
  [rieren?

Nr. 11
R 28,1 c 86,1 d 12,1
I Diu sunne und ouch die bluomen hânt ir hoehe hin
  [geneiget:
ir vil liehter schîn beginnet truoben alle tage;

des sint diu kleinen vogelîn ir sanges gar gesweiget
(deist vor allem leide mînes senden herzen klage) 51,1
5 und der walt
muoz von sûren winden ungevüegen schaden dulden.
ich hazze den winder kalt:
disiu nôt kumt gar von sînen schulden; 51,5
er unde ein wîp diu machent mich in kurzen tagen alt.

R 28,2 c 86,2 d 12,2

II Diu wil mit beiden ôren niht gehoeren, swaz ich singe:
kunde ich sanfte rûnen, daz vernaeme sî mir gar.
unsaelic müeze er sîn, der mich von ir genâden dringe,
swelhen ende er kêre, daz er nimmer wol gevar! 51,10
5 ich vergaz
ir mit triuwen nie: nu tuot si mir sô toubez ôre
ie lenger sô ie baz.
des bin ich mit guotem willen tôre.
mir schadent getelinge, waene ich, durch den alten haz.
[51,15

R 28,3 c 86,3 d 12,3

III Die wâren des gerüemic disen sumer an der strâze,
dô man sagete, daz ich singen wolde mêr verloben.
ir etelîcher möhte sîn gemüffe gerner lâzen,
dem sîn gämelîche zimt als einem, der wil toben.
5 Ellenhart 51,20
treit an sînem buosem ein vil waehez vürgespenge.
er unde Regenwart
habent mit den wîben ir gerenge:
jâ sint si doch zewâre beide niht von hôher art.

R 28,4 d 12,4

IV Ich gevriesch bî mînen jâren nie gebûren alsô geile, 51,25
sô die selben zwêne sint und etelîcher mêr.
wie wol si noch verkoufent, daz si tôren vüerent veile!
got geb in den market, daz man sî mit vollen wer!
5 Beremuot
hât mit in vil mangen liehten vîretac geloufen. 51,30
wirt sîn gelücke guot,

er mac sînen merz vil wol verkoufen.
erst aber ungewunnen, treit er sînen hiubelhuot.

R 28,5
V Dar durch ist er mit swerten in sîn houbet unver-
 [schrôten.
dar zuo treit er ouch ein hôhez collier umbe den kragen.
 [51,35
erst ûf und ûf gezieret wol mit einem tuoche rôten:
daz sol jungen mägden an dem tanze wol behagen.
5 Megengôz
brüttet sich gein in: er dünket sich sô ragehüffe.
des üppikeit ist grôz: 51,40
ich weiz niht, wes sich der tôre güffe, 52,1
vor im genaese niemen, würd joch im ein drüzzelstôz.

R 28,6 d 12,9
VI Ich hân von oeden ganzen alle wîle her gesungen,
die mich nie sô sêre gemüeten, dâ ze Riuwental.
er hât in disem sumer an einer mägde hant gesprungen,
 [52,5
diu sîn doch niht naeme, und hiet si aller manne wal.
5 afterreif
hât sîn langez swert mit einem schîbelohten knophe.
dô man die tänze sleif,
dô reit er daz houbet ûf dem krophe. 52,10
unverwendeclîchen, waen, er nâch ir hüffel greif.

R 28,7 d 12,6
VII Mich hât ein ungetriuwer tougenlîchen an gezündet,
hât mir vil verbrant, des mîniu kindel solten leben;
diu leit sîn unserm trehtîn und den vriunden mîn
 [gekündet!
ich hân nû dem rîchen noch dem armen niht ze geben:
 [52,15
5 mir ist nôt,
gebent mir die vriunt mit guotem willen brandes stiuwer.
gewinne ich eigen brôt,
ich gesanc nie gerner danne ouch hiuwer.
jâ fürhte ich, daz ich ê vil dicke werde schamerôt. 52,20

Nr. 12

I   Êst ein winder: nemt des war   *R 45,1*
    an der liehten heide!
    die hât er gemeilet und den grüenen walt;
    bluomen schîn und vogele singen ist nu gar zergân:
5   sî sint beidiu missevar.   52,25
    seht an ir getreide!
    daz ist allez von dem leiden rîfen kalt.
    manic herze muoz von sînen schulden vreude lân.
    wirde ich vrô,
10   daz kumt noch von einem lieben wâne,   52,30
    sî getuo mich sorgen vrî,
    der ich gerne laege bî:
    daz ist diu wolgetâne.

II   Gît mir iemen guoten rât?   *R 45,2*
    wol bedörfte ich lêre.   52,35
    zwêne sint vor nîde worden des enein,
    mügen siz erwenden, mir enwerde ir nimmer teil.
5   einer dâ her höfschen gât:
    seht, der müet mich sêre   53,1
    mit sîm werren, den er brüevet under ein!
    werbe er umbe ir minne, müeze volgen im unheil!
    erst ein gouch.
10   swâ ich mich verbürge in dem lande,   53,5
    er und jener Engelher
    triben mich mit wîges her
    ab mîner anewande.

III   Der ich holdez herze trage,   *R 45,3*
    swie si nie getaete   53,10
    mînes willen gegen einer hirsen vesen,
    sît ich êrste nâch ir hulden ie ze singen phlac,
5   lônte sî mir mîner tage,
    dâ mit ich si baete,
    sô waer ich vor senelîcher nôt genesen.   53,15
    die daz wenden, die gewinnen nimmer guoten tac,
    swer si sîn!

10   doch waen ich si sumelîche erkenne,
die mir niht ze waege sint.
Megengôz und Oezekint 53,20
die râments etewenne.

IV Wê geschehe in! swar ich var, R 45,4
ich bin in ir aehte,
die den sumer tänze brüevent in dem geu
und den winder in der spilestuben herren sint: 53,25
5 wîlen müet mich Engelmâr.
owê, der mich braehte,
da ich genaese vor ir üppiclîcher dreu!
disiu nôt ist umbe ein wolgetânez dierenkint:
derne gan 53,30
10   ich in niht: dâ nîdent sî mich umbe.
ez ist âne mînen danc,
swaz er ie nâch ir geranc,
her Oezekint der tumbe.

Nr. 13

I Wie überwinde ich beide R 3,1 A 6 c 81,1 53,35
mîn liep ùnd die súmerzît?
ine kan die wolgetânen schiere niht verklagen.
von sô grôzem leide,
5 mir ríuwe âne vróude gít,
trûre ich wol von schulden nû ze disen trüeben
[tagen, 54,1
die uns den winder kündent, der uns manger vröude
sanges habent sich diu kleinen vogelîn geloubet: [roubet.
alsô möhte ich wol mit mînem sange stille dagen.

II Sol mich niht vervâhen R 3,2 A 7 c 81,2 54,5
mîn tróst ùnd mîn líeber wán,
sô enweiz ich, waz genâden ich mich troesten mac.
wol mac mir versmâhen
5 mîn díenèst, den ích ir hán
lange her geleistet und des ie mit triuwen phlac. 54,10
alsô phlaege ichs immer gerne, möhte ich des geniezen,

sô daz mich die dörper mînes lônes iht verstiezen.
des ist Uoze grîfic und sîn rûher schavernac.

III Engelwân und Uoze　　　　　　　　　*R 3,3 A 8 c 81,3*
　　die zwênè sint mír geház　　　　　　　　54,15
　　(schaden unde nîdes muoz ich mich von in versehen)
　　und der geile Ruoze:
5　wie tíuwèr er sích vermáz,
　　er bestüende mich durch sî! die drîe widerwehen
　　râtent unde brüevent, daz ich âne lôn belîbe.　54,20
　　niht envolge ir lêre, vrouwe, liebist aller wîbe!
　　lône mîner jâre, lâz in leit an mir geschehen!

IV Vrouwe, dîne güete　　　　　　　　　　*R 3,4 c 81,4*
　　dierkénne ìch sô mánicvált,
　　daz ich liebes lônes von dir noch gedingen hân.　54,25
　　daz mich ie gemüete,
5　die spränzlèr und ír gewált,
　　daz was mit den bluomen hin. nu wil mir Engelwân
　　dîne hulde verren: daz im müeze misselingen,
　　sô daz hundert swert ûf sînem kophe lûte erklingen!　54,30
　　snîdent sî ze rehte, sî zerüttent im den spân.

V　Seht an Engelwânen,　　　　　　　　　*R 3,5 c 81,7*
　　wie hóhe èr sîn hóubet tréit!
　　swanne er mit gespannem swerte bî dem tanze gât,
　　sô ist er niht âne　　　　　　　　　　　54,35
5　der vláemìschen hóveschéit,
　　dâ sìn vater Batze wênic mit ze schaffen hât.
　　nu ist sîn sun ein oeder gouch mit sîner rûhen hûben:
　　ich gelîche sîn gephnaete ze einer saten tûben,
　　diu mit vollem krophe ûf einem korenkasten stât.　54,40

VI Swer in sîner tougen　　　　　　　　　*R 3,6 c 81,5 55,1*
　　ie líep òde léit gewán,
　　dem sint mîne sorgen und mîn kumber wol bekant.
　　sît ich mînen ougen
5　den stíc nìht verbíeten kán,　　　　　　　55,5
　　sî enblicken hin, dâ Ruoze tanzet an ir hant,

sô verlâze ich kûme, deich mich selben niht enroufe:
solhen wehsel nement, die dâ minnent an ir koufe.
Minne, lâ mich vrî! mich twingent sêre dîniu bant.

VII Minne, dîne snüere   R3,7 c81,6 55,10
die twingènt daz hérze mîn,
daz ich hân ze strîte wider dich deheine wer.
swie verholne ich rüere,
5 den zímbèl der zélle dín,
sô bin ich betwungen des, daz ich dir hulde swer. 55,15
vrouwe Minne, dîn gewalt ist wider mich ze strenge;
küneginne, dîner ungenâde niht verhenge,
daz si mich verderbe! ja ist si über mich ein her.

Nr. 14

R7,1 B1 c117,1 z23,1

I Nu ist der liebe sumer hin gescheiden;
die bluomen und der vogele sanc   55,20
müeze wir dem leiden winder lâzen:
den ungemach
5 mehte ein ieglîch herze wol von wâren schulden klagen.
hôchgemüete het ich von in beiden.
diu wîle dûhte mich sô lanc,   55,25
daz si niht ensprungen ûf den strâzen.
mîn ouge an sach,
10 daz si giengen al den tac als ein gesmirter wagen,
eben unde lîse, niht bedrungen,
daz in diu swert   55,30
ûf den versen klungen.
sich dûhten sumelîche dâ vil manger bône wert.

R7,2 B2 c117,5 z23,2

II Die daz wâren, die wil ich iu wîsen:
deist Engeldîch und Adelvrit,
Willebreht und Enzeman der junge   55,35
und Berewîn,
5 Sigelôch und Ekkerîch und jener Engelram.
wol gevürbet sint ir kepelîsen,
ir helze klingent nâch dem trit,

lûte bî dem reien nâch dem sprunge.   56,1
si wellent sîn
10 tumber, danne der uns Vriderûn ir spiegel nam.
des gewaltes was uns hie zerunnen;
nu sint ez jene,   56,5
die mir vröude enbunnen
und mir die guoten verrent, nâch der ich mîn herze sene.

                          R 7,3   B 3   c 117,3,   z 23,3

III   Der ich her gedienet hân von kinde
und noch ouch in dem willen bin,
daz ich wil belîben an ir staete   56,10
vil mangen tac,
5 sô wol mich, daz ich si ie sô minneclîchen vant!
sî ist mînes herzen ingesinde.
diu wîle gêt mir schône hin,
swenne ich sî in wolgetâner waete   56,15
gesehen mac:
10 sô dünk ich mich rîcher, danne ich hiete ein eigen lant.
ich gesach nie wîp sô wolgetâne,
des muoz ich jehen.
sunne und ouch der mâne   56,20
gelîchent sich der schoenen niht, od ich enkan niht
                                        [spehen.

                          R 7,4   B 4   c 117,4   z 23,4

IV   Der mir mîner vrouwen hulde erwende,
der wizze daz, wirt mir sîn stat,
daz ich im ein punkelîn erzeige,
als hiwer ich tet   56,25
5 einem gouche, der mîn ouch niht wol hin zir gewuoc!
Frideliep, sô wê dir in die zende!
dû bist der gogelheit sô sat,
daz dû wil, swar sich dîn houbet neige
durch minne bet,   56,30
10 daz dir iemen iht versage. owê, daz im vertruoc
Elsemuot sîn üppeclîch geriune,
des er dâ phlac.
ir sint leider niune,
die mir daz geu verbietent mangen liehten vîretac. 56,35

V Die gehellent alle Berewîne, R7,5 B5 c117,8 z23,5
wan Enzeman und Willebreht:
die enziehent mit in niht gelîche.
nu sprichet er,
5 sî daz ers ersnellen mege, sî sîn bêde tôt: 56,40
er slahs, daz diu sunne durch si schîne. 57,1
si rouften sînes vater kneht
hiuwer vor dem meier Friderîche
umb nie niht mêr,
10 wan daz er ein krenzel truoc, daz was von bluomen [57,5
daz verseite er dâ zehant in beiden. [rôt:
nu wizzet daz,
wirt ez niht gescheiden,
ez wehset lîhte zwischen in ein ungevüeger haz!

R7,6 B11 c117,20
VI Daz die dörper alle ein ander slüegen! 57,10
(daz lieze ich alsô hine gân;
wan si tuont mir vil ze widerdrieze:
ir üppikeit
5 diust sô grôz, daz ir die wîsen spottent über al)
daz sich doch vil lîhte mac gevüegen. 57,15
nu wer ot er sich, Enzeman!
triffet ern mit sînem scharfen spieze,
den er dâ treit,
10 er gedranget mich niht mêre dâ ze Riuwental.
ich bin vreuden gar von in versûmet: 57,20
daz ist niht guot.
wurde mir gerûmet
von in, daz müese wir verklagen, ich und Elsemuot.

Nr. 15

C240 c109,1
I Nu sage an, sumer, war wiltû den winter hine fliehen?
geruochestû sîn gerne, ich leiste dir geselleschaft: 57,25
ich wil mich von mînem üppiclîchen sange ziehen.
mîne widerwinnen mit dem tievel sint behaft:
5 die enlâzent mir an mînem liebe niht gelingen:

daz ist ein schade bî der scham.
Gîselbolt und Engelram 57,30
die leident mir mîn singen.

C 241 c 109,2

II Die selben zwêne die gehellent hin nâch Engelmâren,
der gewalteclîchen Friderûne ir spiegel nam:
tretzic unde hoenic sints an allem ir gebâren,
die selben zwêne dörper, Gîselbolt und Engelram. 57,35
5 des wil helfen Erkenfrit und Uozeman der reide:
die viere dringent mich hin dan.
gwunnes einen tumben wân
gein in, daz waer mir leide.

C 242 c 109,3

III Sumer, ich verklage niemer dîne manege ziere, 58,1
dâ uns dirre kalte winter von gedrungen hât;
mich verdringent aber geiler sprenzelaere viere
von der wolgetânen, diu mich niemer des erlât,
5 ich enmüeze singen, swenne mir diu guote lône, 58,5
als der lieben gnâde sîn.
vrouwe, nû tuo gnâde schîn
vor mîner tage nône!

A 5 C 243 c 109,4

IV Mîne tage loufent von der hoehe gegen der neige;
frouwe, troeste mich, die wîle ich ûf der hoehe stê! 58,10
ob ich dir mit rehter staete herzentriuwe erzeige,
sô schaffe, daz ir boeser wille iht an mir ergê!
5 mîne swaere sint von dînen schulden manicvalte:
der schaffe ein ende, saelic wîp,
ê daz mîn vil tumber lîp 58,15
in senden sorgen alte!

A 4 C 244 c 109,5

V 'Ie lenger unde ie lieber' ist si mir, diu wolgetâne,
'ie lenger unde ie leider' bin ich ir: daz ist mir leit.
bin ich vrô, daz kumt von einem herzelieben wâne,
sît si mir ir hulde und ir genâde widerseit. 58,20
5 trôstes und gedingen wil ich niemer werden âne:
trôstes ich noch nie vergaz,
sô diu schoene vor mir saz
alsam ein voller mâne.

Nr. 16

R 26,1 A 14 c 108,1

I Owê, lieber sumer, dîne liehten tage lange, 58,25
wie die sint verkêret an ir schîne!
si truobent unde nement an ir süezem weter abe.
gar gesweiget sint diu vogelîn mit ir gesange;
5 doch ist daz diu meiste sorge mîne,
daz mir niht langer dienest lieben lôn erworben habe. 58,30
ich enkunde ir leider nie gesprechen noch gesingen,
daz die wolgetânen diuhte lônes wert.
lônâ, küneginne! ich bin, der lônes gert:
10 liebist aller wîbe, ich hân ûf lieben lôn gedingen.

R 26,2 A 15 c 108,2

II Hât ab iemen leit, daz mînem leide sich gelîche, 58,35
möhte mir der sînen rât enbieten!
deiswâr, guoter raete der bedörfte niemen baz.
ich gespraeche mîne vriunde gerne sumelîche,
5 daz si mir von solhen sorgen rieten:
mich vêhet âne schulde, der ich selten ie vergaz. 59,1
daz ist wunder, daz ich eine wîle vrô belîbe,
sît daz mich diu guote in ungenâden hât.
wan daz mich mîn triuwe und ouch mîn staete enlât,
10 ich geslüege nimmer niuwez liet deheinem wîbe. 59,5

R 26,3 A 16 c 108,4

III Ine gewan vor mangen zîten ungenâde mêre,
danne ich hân von einem getelinge:
derst alsô getoufet, daz in niemen nennen sol.
der ist an sîner strâze beidiu tretzic unde hêre.
5 langez swert alsam ein hanifswinge, 59,10
daz treit er allez umbe; im ist sîn gehilze hol.
dâ sint luoger in gemachet, zeine zîzelwaehe;
oben in dem knophe lît ein spiegelglas,
dem gelîch alsô daz Friderûnen was.
10 dô bat er die guoten, daz si sich dar inne ersaehe. 59,15

R 26,4 A 17 c 108,5

IV Sîne wolde iedoch in sînen spiegel nie geluogen:
daz versagtes im in einer smaehe;

si sprach verwendeclîchen: „daz ist immer ungetân.
ich bekenne iuch niht an iuwer hövescheit sô kluogen.
5 ê ez iu ze liebe an mir geschaehe,   59,20
jâ wolde ich ê verliesen slehtes allez, daz ich hân."
sî sprach: „liupper, heime ich hân noch guoter spiegel
derst mir iegelîcher lieber danne der."   [drîe:
schiere sprach er aber: „vrouwe, luoget her!"
10 alsô müete sî der gouch mit sîner hoppenîe.   59,25

                                        R 26,5 c 108,3
V Hie mit disen dingen sî diu rede alsô gescheiden!
lât iu mêre künden mîner swaere!
die tumben getelinge tuont mir aller leideclîch.
swaz ich tuon, ich kan si bî der guoten niht erleiden.
5 wessen sî, wie lîhte ich des enbaere,   59,30
si würben anderthalben, Gîselbreht und Amelrîch:
die hânt disen sumer her getanzet an ir hende
allenthalben, swâ man ie der vreuden phlac.
hinne vür gelebe ich nimmer lieben tac,
10 unze ich mînen kumber nâch dem willen mîn volende.
                                                        59,35

Nr. 17

I Dise trüeben tage,   R 32,1 C 94 c 97,1 z 24,1
dár zuo léitlîchiu kláge
hât mir vréudè benómen   61,20
und allen hôhen muot.
5 war zuo sol mîn sanc,
sît er níe sô erklánc,
dáz in hétè vernómen
ein schoeniu vrouwe guot,   61,25
der ich hân gedienet ûf genâde her vil lange
10 den sumer und den winder ie mit einem niuwen sange?
nû verstât si mir ez alrest zeinem anevange.

II Daz si niht enstât,   R 32,2 C 95 c 97,2 z 24,2
dáz ir mínnè mich hât   61,30
áller sínnè behért,
dâ sündet sî sich an.

5 sî vil saelic wîp,
  jâ verlíuse ìch den lîp,
  íst si mír nìht beschért. 61,35
  owê, daz ich niht kan
  ir gesingen, dâ von sî mir holdez herze trüege!
10 jâ bin ich in dem munde leider ninder sô gevüege:
   bezzer waere, daz ich niuwes nimmer niht entslüege.

III Mir schât Engelbolt R 32,3 C 96 c 97,5 z 24,3 62,1
    únd der méièr Mangólt
    únde ouch jénèr Durnchárt,
    daz vierde ist Engelber,
  5 dar zuo Eberwîn 62,5
    únd die zwén brùoder sín
    (só sô tóerschès nie wárt),
    Lûthêr und Adelgêr:
    die tanzent mit den meiden in dem geu verwendeclîchen.
10 si wellent ûf der strâze niemen einen fuoz entwîchen. 62,10
   hei, solt ich ir einem sîne stelzen dâ bestrîchen!

IV Er ist mir gevêch, R 32,4 C 99 c 97,6
   dáz in híuwèr verzéch
   zórniclíchèn ir hánt
   mîn vrouwe ûf einer dult. 62,15
 5 seht, daz was im leit!
   sínen vríundèn er kléit,
   dáz ichz hét ìm erwánt
   und waere gar mîn schult:
   „wan er gie vil nâhen an ir sîten gar bedrungen; 62,20
10 er het uns an der wîle ein liet ze tanze vor gesungen."
   wol verstuont der dörper sich bî einem kleinen stungen.

V Seht, der ist ein teil R 32,5 C 98 c 97,3 z 24,5
  béidiu túmp únde géil:
  séht, dem gíeng èr gelích! 62,25
  sîn schuoch was im gemâl,
 5 dâ mit er mir trat
  níder al mîn wìsemât.
  áller vírtègelích

sweimte er vür Riuwental, 62,30
oberthalp des dorfes strâze steig er über den anger,
10 durch mînen haz von stîge vaste nâch den bluomen
in einer hôhen wîse sîniu wineliedel sanger. [spranger,

Nr. 18

R 29,1 c 84,1

I Sanges sint diu vogelîn gesweiget, 59,36
der leide winder hât den sumer hin verjagt:
des ist manic herze beidiu trûric unde unvrô.
aller werlde hôchgemüete seiget: 60,1
5 wan ich bin noch an mînen vreuden unverzagt;
daz gebiutet liebist aller wîbe mir alsô.
ir gebot
leiste ich immer, al die wîle ich lebe. 60,5
mîne vriunde, wünschet mir durch got,
10 daz si mir ein liebez ende gebe!

II Hie mit sule wir die rede lâzen: R 29,2 c 84,4
wir müezen in die stuben. zeinem berevrite
kômen hin durch tanzes willen vil der jungen diet. 60,10
zwêne dörper (daz si sîn verwâzen!),
5 si truogen beide röcke nâch dem hovesite,
Ôsterrîches tuoches: wê mir sîn, der in si schriet!
wol beslagen
wâren in ir gürtel beide samt. 60,15
oedeclîchen wunden sî den kragen
10 bî dem tanze, daz ich michs erschamt.

R 29,3 c 84,2

III Niemen vrâge mich, war umbe ich grâwe!
jâ wânte ich, daz ich geruowet solde sîn
vor den getelingen: des ist in vil ungedâht; 60,20
sîne lâzent mich deheine râwe
5 gewinnen: ir gewerp ist um die vrouwen mîn.
mirst unmaere, werdent sî zerhouwen schiere brâht.
Gîselbreht
unde ein toerscher ganze, Walberûn, 60,25
tuot mir zallen zîten ungereht.
10 wie verlôs ir spiegel Vriderûn?

IV Alsô vlôs mîn vrouwe ir vingerîde. *R 29,4 c 84,3*
dô sî den krumben reien ûf dem anger trat,
dô wart ez ir ab ir hant, seht, âne ir danc genomen! 60,30
hân ich den von schulden niht ze nîde,
5 der irz von sîner üppikeit gezücket hât?
daz möht enem oeden kragen noch ze schaden komen.
wê mir sîn,
daz er sî sô rehte dar zuo vant! 60,35
jâ verklagte ich wol daz vingerlîn,
10 het er ir verlenket niht die hant.

V Sône müet mich niht an Brûnewarte, *R 29,5 c 84,5*
niwan daz er den oeden krophen vor gestât
üppiclîcher dinge und ungevüeger gogelheit: 60,40
des geswillet mîn gemüete harte. 61,1
5 wan daz mîn zuht vor mînem zorne dicke gât,
ich geschüefe, daz ir etelîchem würde leit.
alle drî
dünkent sich die dörper wîse gar: 61,5
herre got, nu schaffe mich ir vrî!
10 hie bevor dô müet mich Engelmâr.

R 29,6 c 84,7
VI Er und die mir durch den anger wuoten,
den ist sô gar getützet al ir üppikeit;
die gebârent, sam si nie gelebten guoten tac. 61,10
hôhe spienen sî ir weibelruoten,
5 ir iegeslîcher hiuwer eine riutel treit.
kleine hûben truogens ê: nu strûbet in der nac.
rehte alsam
müeze in noch gelingen über al! 61,15
sac mit salze mache mir si zam!
10 sô geruowe ich hie ze Riuwental.

Nr. 19

I Bluomen und daz grüene gras *R 39,1 c 105,1*
beidiu sint verswunden. 62,35
nu treit uns aber diu linde vür die sunne nindert schat;
ê, dô sî geloubet was,

5 dô hiet man dâ vunden
vil maneger hande vreuden: dâne gêt nu nindert phat,
dâ wir dô 63,1
ê vil vrô
bî ein ander wâren.
10 diu vreude het ein ende, dô diu zît begunde swâren;
des trûret manic herze, des gemüete stuont ê hô. 63,5

II Winder, dîn unstaetic lôz R 39,2 c 105,2
twinget uns ze lange:
von dir und einem wîbe lîde ich leider ungemach.
rôsen ist diu heide blôz
5 von des rîfen twange. 63,10
diu vogelîn in dem walde habent nindert obedach.
der ich gar
mîniu jâr
hân gedienet lange
10 von herzen williclîchen, eteswenne mit gesange, 63,15
des ist mir niht gelônet noch, wie kleine ist umbe ein hâr.

III Man sol willetôre sîn R 39,3 c 105,3
aller guoten wîbe,
und in ir willen hengen, der ir hulde welle haben:
daz ist der geloube mîn, 63,20
5 swie sô mir mîn schîbe
ze wunsche niht enloufe. ich waene, ich werde alsô be-
dazs ir muot [graben,
mir ze guot
gein mir iht verkêre. 63,25
10 diu schult diu lît ûf Watken unde ûf jenem Ôtegêre,
daz sî nu alsô dicke mir sô toubez ôre tuot.

IV Geuden giengen sî gelîch R 39,4 c 105,7
hiwer an einem tanze:
dâ muosten drîe vor im gîgen, und der vierde pheif. 63,30
sîner vreuden was er rîch
5 under sînem kranze.
er nam im, dâ diu schoene gie, vil manegen umbesweif:

Erkenvrit
allez mit 63,35
vaste an sînem diehe;
10 er wunschte, daz er mir an ir daz helmel vor geziehe.
er hât den vuoz verlenket hiwer an einem geilen trit.

V Dienest âne saelikeit R 39,5 c 105,4
niemen kan volenden. 63,40
ich hân ez rehte ervunden: kleiner lôn ist mir 64,1
mîn verloren arebeit [beschert.
5 wil mich dicke phenden
an vreuden: ungelücke maneger saelden mich behert.
ich verzage, 64,5
daz mîn klage
niht ir herze entsliuzet
10 und daz er gegen ir in rûnewarten bölzel schiuzet,
sich güffent, daz er mich ze jungist von ir dienste jage.

VI Swer versmaehet mînen sanc R 39,6 c 105,6 64,10
und sîn spottelachet,
wol singen unde rûnen habent ungelîchen lôn.
ê, do'r in diu ôren klanc,
5 was er ungeswachet.
nu klinget er ûf zwîvel, niene ûf rehten lobes dôn. 69,15
minne riet,
daz ich liet
nâch ir hulden sunge.
10 daz tet ich unde wânt des niht, daz mir dâ misselunge:
nu laet mir niht gelingen ein vil hiuziu dörperdiet. 64,20

Nr. 20

I Owê dirre sumerzît, R 47,1 A 9 C^b 2,10 c 111,1 d 11,1
owê bluomen unde klê,
owê maneger wünne, der wir âne müezen sîn!
unser freuden widerstrît
5 bringet rîfen unde snê: 64,25
daz hât allez rôten rôsen ungelîchen schîn;
alse ist ungelîch

mîn und Amelunges swaere.
mînes ungelingen vreut er sich und Uodelrîch:
10 der ist mînes schaden zallen zîten vlîzic und gevaere, 64,30
er und Eberolt, ein ungestüemer wüeterîch.

II Eberolt und Amelunc,   *R 47,2 C ᵇ 2,11 c 111,2 d 11,2*
Uodelrîch und Undelhart
habent wider mich gebrüevet eine sicherheit.
manic oedeclîcher sprunc   64,35
5 von in dô gesprungen wart,
dô si sich des ruomten, sî getaeten mir ein leit.
stille und offenbâr
habent sî den ruom bewaeret;
ich gewünsche in nimmer, daz ir keiner wol gevar. 65,1
10 under disen vieren hât mir einer mînen muot beswaeret,
daz er nie sô trüebe wart von iu, her Engelmâr.

R 47,3 A 10 C ᵇ 2,12 c 111,4 d 11,4
III Wesse ich, wem ich solde klagen
mînen grôzen ungemach,   65,5
den ich von in lîde und lange her geliten hân!
swaz mir noch bî mînen tagen
5 leides ie von in geschach,
dêst ein wint, wan daz mir nû der eine hât getân.
owê, daz ich sol   65,10
nû mîn selbes laster rüegen!
mîner ougen wünne greif er an den füdenol.
10 tumber gouch, des mehte joch den keiser Friderîch ge-
[nüegen.
hoener schimph gevellet nimmer guoten liuten wol.

R 47,5 C ᵇ 2,13 c 111,3 d 11,3
IV Mîne vriunt, nu gêt her dan,
gebt mir iuwern wîsen rât,
wiech mit disen dingen müge ze mînen êren komen!
aller triuwen ich iuch man,
5 daz ir mir nu bî gestât.   65,30
mîne weidegenge und al mîn vreude ist mir benomen.
ich bin unverzaget

beide an lîbe und ouch an muote.
der in durch den willen mîn sîn dienest widersaget,
10 dem gestüende ich immer, triuwen, bî mit lîbe und
[ouch mit guote 65,35
al die wîle, und mir der stegereif ze hove waget.

V Iz ist vrouwen ê geschehen *R47,4 c111,7 d11,6* 65,15
âne ir willen, sunder danc,
daz der lieben und der wolgetânen dô geschach.
hiete sî den grif gesehen,
5 si ist ir lîbes nie sô kranc,
ern hiet sîne buoze enphangen, des si sît verjach. 65,20
sneller danne ein bolz
was sîn liep, ir leit ergangen:
immer mêre was der dörper sînes herzen stolz.
10 dône kunde an den stunden [doch sîn rehtiu] niht
[vollangen.
die unwaege rihte uns beiden der von knütelholz! 65,20

[Nr. 21]

c65,1 A Niune 47 C Rubin von Rüdeger 4
I [Wolde sîn die freudelôsen niht an mir verdriezen,
sô sunge ich noch den freudegernden mînen wânaldei;
ich gertes gegen den muotes armen niemer niht geniezen,
[66,1
die freude niht in selben kouften umbe ein halbez ei.
5 hôhe junge man die sîgent an ir hôchgemüete:
sô wîchent aber diu minneclîchen wîbel an ir güete.

c65,2
II Dise rede die hât ein wîp vil wol an mir bewaeret: 66,5
diust herzen unde muotes herter denne ein adamant.
die hân ich gar lange für die besten her vermaeret,
sît daz ich sî ze trûte mir vor allen wîben vant.
5 solhes fundes wirt gedanket nimmer mînen ougen:
diu habent mich verwîset gar: nu stênt si an ir lougen. 66,10

c65,3
III Owê, daz sî nâch wâne des dem herzen ie verjâhen,
si heten under wîben noch sô guotes niht gesehen;

daz si wider unde für, niht ûf und umbe sâhen,
dô si einen staeten friunt dem herzen wolten spehen.
5 ich enwil si nimmer mêr ze boten für gesenden:
dâ sî mich hiezen werben, dâne kan ich niht volenden. 66,15

c 65,4

IV Sinne rîchem manne mac an wîbe misselingen,
ob er der ougen willen mit den werken wil begân:
seht, ob s' einen tôren niht in ungelücke bringen!
ich was der mînen willen alze sêre undertân; 66,20
5 daz ich in ze vil ir twerhen blicke hân verhenget,
dâ von ist daz herze mîn mit trûren wol gemenget.

c 65,5

V Hete ich an ein ander wîp den mînen muot gewendet,
mir waere lîhte gelônet baz, dan mir gelônet sî.
mîner langen tage ich vil mit trûren hân verswendet. 66,25
herzekünigîn, ich was dir ie mit triuwen bî:
5 lâz daz herze mîn alsô in trûren niht verderben!
frouwe, nâch der werlde lône wil ich langer werben.

c 65,6

VI Zwîvel mînes lônes und der werltfreude krenke
diu zwei diu machent, daz ich mînes sanges wil
  [verpflegen; 66,30
dar zuo fürhte ich sêre, daz er mich ze helle senke.
ich wil die swaeren bürde schiere ab mînem rucke
  [legen.
5 daz wir vil gesünden, deist von hove niht erloubet:
jâ zimt ez niht uns beiden, mir und mînem grîsen houbet.

c 65,7

VII Ir ist vil, die wundert daz umb Uozen unde umb
  [Anzen, 66,35
daz ich ir sô lange in mînem sange hân verswigen,
dar zuo ir beider bruodersüne Lutzen unde Lanzen.
genuoge waenent des, daz sî mir wellen an gesigen.
5 nein, si mugen mir ir boesen willen wol erzeigen:
dâ mite kunnen sî mich mînes sanges niht gesweigen. 66,40

Winterlieder

c 65,8

VIII　Disen winter tanzent sî bî mîner ougen wünne;　*67,1*
　　　des pflâgens ouch den sumer, swâ si sîn gewunnen stat.
　　　nû gelinge in allen, als ich in von herzen günne,
　　　in und etelîchem, der ir alsô nâhen trat!
　　5 owê, daz ez ie geschach ze mîner angesihte!　*67,5*
　　　wizzet, daz ich noch ein niuwez liedel von in tihte!]

Nr. 22

I　Sumer unde winder　　　　　　*R 5,2　B 24　O 6　c 9,1*
　　sint mir doch gelîche lanc,　　　　　　　　　　*67,20*
　　swies joch underscheiden sîn:
　　dise rede lâzet iu zeloesen âne strît!
　5 niemen ist sô kinder,
　　tuot im liebe leiden wanc,
　　im enkan der bluomen schîn,　　　　　　　　　*67,25*
　　triuwen, niht erwenden, er ensen sich zaller zît:
　　alsô hân ich mich gesent
　10 nâch der lieben lange her,
　　sît daz ich den muot an sî gewent.
　　nu ist ir vrâge, wes ich tumber ger.　　　　　*67,30*

II　Ich wil aber singen,　　*R 5,1　B 23　O 9　c 10,1*　*67,7*
　　swie ez vür ir ôren gê,
　　diu mich êrste singen hiez.
　　wê, war umbe hoeret niht diu guote mînen sanc?　*67,10*
　5 von dem ungelingen
　　singe ich wol von schulden „wê".
　　sît ich mich an sî verliez
　　(des ist in der mâze wol bî drîzec jâren lanc),
　　sît was ich ir undertân　　　　　　　　　　　*67,15*
　10 alles, des si mir gebôt.
　　nû wil sî mich ungelônet lân:
　　ist daz niht ein schädelîchiu nôt?

III　Waz ist des nu mêre?　　　　*R 5,3　c 9,4*　*67,31*
　　　solher rede ist nû genuoc;

trahten umbe ein ander dinc!
wîser liute lêre der bedorfte ich nie sô wol;
5 swelhen ende ich kêre, 67,35
immer bristet mir der kruoc.
mir hât aber ein getelinc
mînen muot beswaeret, daz ich vil unsanfte dol.
hulde hât er mir verlorn
10 einer vrouwen wolgetân, 68,1
die ich mir ze vriunde het erkorn:
daz hiet er ze nîde, Hetzeman.

IV Lange nâdelrunzen R5,4 B29 O10 c9,5
hât der Hetzemannes roc, 68,5
den er vîretages treit;
ermel unde buosem sint mit sîden wol genât.
5 sîn vil lôsez lunzen
machet mir noch grâwen loc,
swenne er in ir schôz sich leit. 68,10
wê, daz er die guoten sînes höfschens niht erlât,
daz er âne ir willen tuot,
10 im ze ruome und mir ze schaden!
eines, heizet üppiclîcher muot,
des ist er mit vollen überladen. 68,15

V Sî sint mir unwaege, R5,5 B27 O11 c9,7
sîne wizzen, umbe waz,
er und jener Berewolf.
derst alsô genennet, dem sîn schîbe als ebene gie.
5 diust in vollen traege, 68,20
wol nâch mînem willen laz.
im gap hiuwer Biterolf
sîne tohter Trûten, dâ mit er ez undervie,
daz er sît geduldec was
10 aller sîner gogelheit, 68,25
dâ man ê vil kûme vor genas.
demst ein richel in den hert geleit.

VI Wol dir, vrouwe Trûte, R5,6 B28 O12 c9,8
daz er durch dich mîden muoz
sîn geslende, des er phlac! 68,30

ich gevluoche im nimmer, der dir in ze vriedel gap.
5 drîer kôlekrûte
wirt im noch vil selten buoz:
dâ von strûbet im der nac.
einez, heizet sorge, volget im unz in sîn grap. 68,35
des was er vil ungewon
10 enneher bî sînen tagen:
nû tuont im die secke vil gedon,
die dâ dicke rîtent sînen kragen.

VII Tumber liute vrâge   *R5,7 B25 O7 c9,2*   69,1
müet mich sêre zaller zît,
wer diu wolgetâne sî,
von der ich dâ singe: ja ist ez in vil ungesagt.
5 hât si holde mâge,   69,5
der belîbets âne nît:
si ist von missewende vrî;
ich gesach si nie, diu mînen ougen baz behagt.
swes ein man ze vrouwen gert,
10 des hâts mêre danne vil.   69,10
er ist alles liebes wol gewert,
mit dem sî daz gerne teilen wil.

VIII Swaz an einem wîbe   *R5,8 A1 B26 O8 c9,3*
guoter dinge mac gesîn,
der hât sî den besten teil,   69,15
minneclîche schoene, gar ze wunsche wol gestalt
5 (wol ir süezen lîbe!
der ist ûf die triuwe mîn
unbewollen, âne meil),
kiusche an ir gebaeren, mit ir sprüchen niht ze balt, 69,20
êrebaere und wol gezogen
10 (deist ein übergülte gar).
in hât sîn gelücke niht betrogen,
der mit ir verswendet sîniu jâr.

Nr. 23

                               R24,1 B12 O27 c123,1 d3,7
I Nû klag ich die bluomen und die liehten sumerzît 69,25
und die wünneclîchen tage.

dâ bî hân ich eine klage,
diu mir tougenlîche manege vröude hât benomen,
5 daz ein wîp sô lange haldet wider mich ir strît,
der ich vil gedienet hân 69,30
ûf genâdelôsen wân.
ich kan mînes willen ninder gein ir zende komen,
sît si niht enhât
10 in ir herze wîbes güete
unde ir doch dar under dienen lât. 69,35
wer waer, den der kumber niht enmüete?
mich wundert, daz mîn dienest und mîn singen niht
    vervât.

R 24,2   B 13   O 28   c 123,2   d 3,8

II   Swaz ich ir gesinge, deist gehärphet in der mül:
sî verstêt es ninder wort.
sprichet jener Willebort: 70,1
„stên ir für ir ôren, daz sis immer iht verneme!"
5 seht, ob ich dar umbe niht im vîent wesen sül!
der mich sô beswaeret hât
und mir für ir hulde stât, 70,5
er sol wizzen, kumt ez sô, daz ich imz in gereme,
dâ den vriunden sîn
10 wirt ir herze von gesêret.
er und Gêneliup und Hildewîn
habent mîn gelücke dâ verkêret; 70,10
ez wirt ir etelîchem ein verzintez nüschelîn.

R 24,3   B 14   O 29   c 123,3   d 3,9

III   Disen sumer wârens alle drî ûf sî verkoln,
dazs ein ander truogen haz;
doch erbôt siz einem baz
mit gebaerden: daz was niht der zweier wille guot. 70,15
5 waeren sî ze Kriechen! solde ich sî von danne holn,
sî beliben lange dort,
Gêneliup und Willebort.
dâ gelaege ouch lîhte Hildewînes hôher muot.
mîner arebeit 70,20
10 habent sî mir vil gebrouwen:

ich sag iu daz wol ûf mînen eit,
daz si mir des selben suln getrouwen;
ez schadet, der ze langer vrist den tumben vil vertreit.

R 24,4 B 15 O 30 c 123,4 d 3,10
IV Ich hân in durch mîne zuht ein teil ze vil vertragen, 70,25
daz mich nie gein in gevrumt
noch ze staten niht enkumt.
ich enkunde ir hulde nie verdienen noch ir gruoz.
5 ich enmac sîn allez mit gesange niht geklagen,
daz mir leides widervert: 70,30
mirst sîn alze vil beschert.
mir enwil diu saelde nindert volgen einen vuoz:
swelhen ende ich var,
10 sô laet sî mich immer eine.
got vor ungedulde mich bewar! 70,35
mîn gelücke ist wider sî sô kleine.
von iuwern schulden hân ich disiu leit, her Engelmâr.

R 24,5 B 16 O 31 c 123,5 d 3,11
V [Sît von iuwern handen Vriderûn den spiegel vlôs,
so ist unbildes vil geschehen
(des genuoge müezen jehen), 70,40
dazs in hundert jâren nie sô vil dâ vor geschach. 71,1
5 beidiu laster unde schaden sî doch nie verkôs
noch verkiesen niht enwil.
iuwers schimpfes was ze vil.
daz diu hant erkrumbe, diu die spiegelsnuor zerbrach, 71,5
die si selbe vlaht
10 âne golt ûz glanzen sîden!
(sî was maneger hande sîdenslaht.)
des was ir ze vil von iu ze lîden;
ouch het iuch iuwer gogelheit von iuwern sinnen brâht.]
[71,10

R 24,6 B 18 c 123,6 d 3,4
VI Ich was ie den wîben holder, danne sî mir sîn.
daz ich des enkelten sol,
daz enzimt in niht ze wol.

owê, daz diu liebe niht gemeiner triuwen pfligt!
5 des ist zwischen mir und einem wîbe worden schîn: 71,15
diust mir niht, als ich ir bin;
sô gêt mir mîn leben hin.
ez ist âne reht, daz liebe niht gelîche wigt;
dô diu liebe wac
10 hie bevor gelîcher wâge, 71,20
dône het diu minne ninder krac.
niemen mich dar umbe mêre vrâge!
diu hât nu scharten hinne vür unz an den lesten
[tac

R 24,7 B 19 c 123,7 d 3,3
VII Dô man wîbes minne gegen der manne minne wac
innerthalp des herzen tür, 71,25
dô wac mannes minne vür.
nûne kan sich gegen der wîbe minne niht gewegen.
5 ich enweiz ab niht, wen ich dar umbe zîhen mac,
wer die wâren schulde habe.
zweier dinge gât uns abe: 71,30
daz wir man niht kiusche sîn noch rehter wâge pflegen,
diu gelîche trage
10 herzenliebe gein der minne.
ir sult wizzen, swaz iu iemen sage,
er gewan nie herzen küneginne, 71,35
der niht enwirbet, daz er guoten wîben wol behage.

R 24,8 B 20 O 34 c 123,8 d 3,2
VIII Reiner wîbe minne tiuwert hôhe mannes muot.
ist ir triuwe meineclîch,
deist in beiden lobelîch.
wol im, der gein wîben sîner staete hüeten kan! 72,1
5 valschelôsiu minne waere beidenthalben guot.
wol dem herzen, daz si treit!
dem wirt sîner arebeit
wol gelônet. disiu maere merket, guote man! 72,5
sît den wîben holt,
10 gein den herzen ougen lachen!
ir sult wizzen: aller Kriechen golt

möhte ein herze niht sô vrô gemachen
sô reiner wîbe minne: deist ein vreudebernder solt. 72,10

R 24,9 B 17 c 123,9 d 3,1
IX Al diu crêâtiure, die der himel hât bedaht
und dar zuo diu erde treit,
hât niht hôher werdikeit
danne ein reine wîp: vor ir ein wol gevieret man.
5 swâ diu zwei beinander ruowent eine ganze naht, 72,15
da ist der Minne lanzen ort
wol bewunden hie unt dort.
sî hât zwischen herzenlieben schaden vil getân:
sus getâner nôt
10 kan diu Minne wunder machen, 72,20
trüebiu ougen, nâch der trüebe rôt,
sus und sô mit manger hande sachen.
si wundet mangen, daz im bezzer waere ein senfter tôt.

B 21 O 32 c 123,11 d 3,5
X Ich bin einem wîbe lange gar unmâzen holt
staeteclîchen her gewesen: 72,25
ân die trouwe ich niht genesen.
nû beliben frô die liute (merket mîne klage!),
5 törste ich gein ir sprechen allez, daz ich selbe wolt,
daz doch guote fuoge hât
und niht an ir êre gât, 72,30
daz doch wol geschaehe, waere ich gên ir niht ein zage.
swenne ich von ir bin,
10 sô hab ich vil guote sinne;
kum ich zuo ir, sô ist hin der sin:
daz sint allez herzenlîche minne. 72,35
sus ungesprochen mit gedanken gât diu wîle hin.

B 22 O 33 c 123,10 d 3,6
XI Mit gedanken wirt erworben niemer wîbes kint;
dâ von spreche ein man enzît,
daz im an dem herzen lît,
und besuoche, ob ez diu minneclîche danne tuo! 73,1

5 swes er im gedenket, daz ist ir vil gar ein wint;
des enmac si wizzen niht:
dâ von ist ez gar ein wiht.
dâ gehoeret underwîlen guot geriune zuo; 73,5
êst unmâzen guot,
10 swer gein wîben tar gesprechen;
daz verkêret mangen staeten muot
und kan vestiu herzen wol zebrechen.
des volge ein man, daz ist mîn rât, ob er ez gerne tuot! 73,10

c 123,12 d 3,12

XII Milter fürste Friderîch, an triuwen gar ein flins,
dû hâst mich behûset wol:
got dir billîch lônen sol.
ich enpfienc nie rîcher gâbe mêr von fürsten hant.
5 daz waer allez guot, niwan der ungefüege zins. 73,15
des diu kindel solten leben,
daz muoz ich ze stiuwer geben;
des wirt zwischen mir und mînen friunden schiere ein
[pfant.
lieber herre mîn,
10 maht dû mir den zins geringen, 73,20
dînes heiles kempfe wil ich sîn
und dîn lop wol sprechen unde singen,
daz ez vil lûte erhillet von der Elbe unz an den
[Rîn.

Nr. 24

*R 2,1 C*ᵇ *1,13 c 80,1 d 16,1 s 1 A Niune 51*

I Sumer, dîner süezen weter müezen wir uns ânen:
dirre kalte winder trûren unde senen gît. 73,25
ich bin ungetroestet von der lieben wolgetânen.
wie sol ich vertrîben dise langen swaeren zît,
5 diu die heide velwet unde mange bluomen wolgetân?
dâ von sint die vogele in dem walde des betwungen,
[daz si ir singen müezen lân.

Winterlieder

R 2,2 C^b *1,14 c 80,2 d 16,2 s 2 A Niune 52*

II Alsô hât diu vrouwe mîn daz herze mir betwungen, 73,30
 daz ich âne vröude muoz verswenden mîne tage.
 ez vervaehet niht, swaz ich ir lange hân gesungen;
 mir ist alsô maere, daz ich mêre stille dage.
5 ich geloube niht, daz sî den mannen immer werde holt:
 wir verliesen, swaz wir dar gesingen unde gerûnen,
   ich und jener Hildebolt.   73,35

R 2,3 c 80,3 d 16,3 s 3 A Niune 53

III Der ist nû der tumbist under geilen getelingen, 74,1
 er und einer, nennet man den jungen Willegêr:
 den enkunde ich disen sumer nie von ir gedringen,
 sô der tanz gein âbent an der strâze gie entwer.
5 mangen twerhen blic den wurfen sî mich mit den
   [ougen an, 74,5
 daz ich sunder mînes guoten willen vor in beiden ie ze
   sweime muose gân.

R 2,4 c 80,4 d 16,4 s 4 A Niune 54

IV Wê, daz mich sô manger hât von lieber stat gedrungen
 beidiu von der guoten unde ouch wîlent anderswâ!
 oedelîchen wart von in ûf mînen tratz gesprungen.
 ir gewaltes bin ich vor in mînem schophe grâ. 74,10
5 ie doch neic diu guote mir ein lützel über schildes rant.
 gerne mugt ir hoeren, wie die dörper sint gekleidet:
   üppiclîch ist ir gewant.

R 2,5 c 80,5 d 16,5 s 5 A Niune 55

V Enge röcke tragent sî und smale schaperûne,
 rôte hüete, rinkelohte schuohe, swarze hosen.
 Engelmâr getet mir nie sô leide an Vriderûne, 74,15
 sam die zwêne tuont. ich nîde ir phellerîne phosen,
5 die si tragent: dâ lît inne ein wurze, heizet ingewer.
 der gap Hildebolt der guoten eine bî dem tanze;
   die gezuhte ir Willegêr.

R 2,6 c 80,7 d 16,6 s 6 A Niune 56

VI Sagte ich nû diu maere, wie siz mit ein ander schuofen,
 des enweiz ich niht: ich schiet von danne sâ zehant. 74,20

manneglîch begunde sînen vriunden vaste ruofen;
einer der schrê lûte: „hilf, gevater Weregant!"
5 er was lîhte in grôzen noeten, dô er sô nâch helfe schrê.
Hildeboldes swester hôrte ich eines lûte schrîen:
„wê mir mînes bruoder, wê!"

R 2,7   c 80,12   s 9   A Niune 57

VII Wâ bî sol man mîn geplätze hinne vür erkennen? 74,25
hie envor dô kande man iz wol bî Riuwental.
dâ von solde man mich noch von allem rehte nennen:
nust mir eigen unde lêhen dâ gemezzen smal.
5 kint, ir heizet iu den singen, der sîn nû gewaltic sî!
ich bin sîn verstôzen âne schulde: mîne vriunde,
lâzet mich des namen vrî! 74,30

c 80,13

VIII [Ich hân mînes herren hulde vloren âne schulde:
dâ von so ist mîn herze jâmers unde trûrens vol.
rîcher got, nu rihte mirz sô gar nâch dîner hulde,
manges werden friundes daz ich mich sô ânen sol!
5 des hân ich ze Beiern lâzen allez, daz ich ie gewan, 75,1
unde var dâ hin gein Ôsterrîche und wil mich dingen
an den werden Ôsterman.]

R 2,8   c 80,14   s 10

IX Mîner vînde wille ist niht ze wol an mir ergangen:
wolde ez got, sîn mähte noch vil lîhte werden rât.
in dem lande ze Oesterrîche wart ich wol enphangen 75,5
von dem edeln vürsten, der mich nû behûset hât.
5 hie ze Medelicke bin ich immer âne ir aller danc.
mir ist leit, daz ich von Eppen und von Gumpen ie ze
Riuwental sô vil gesanc.

R 2,9   c 80,9   s 8

X Rädelohte sporen treit mir Fridepreht ze leide,
niuwen vezzel hât er baz dann zweier hende breit. 75,10
rucket er den afterreif hin wider ûf die scheide,
wizzet, mîne vriunde, daz ist mir ein herzenleit!
5 zwêne niuwe hantschuoh er unz ûf den ellenbogen zôch.
mugt ir hoeren, wie der selbe gemzinc von der lieben
hiuwer ab dem tanze vlôch?

Nr. 25

I Owê, sumerzît,   *R1,1 c94,1 d5,1   s1   w5,1*   75,15
daz dir niemen hilfe gît!
waz dir hazzes unde nît
aber ûf dînem rucke lît,
5 ê der winder sînen strît
an dir gar volende, als im sîn wille gegen dir stât!   75,20
er ist dir gehaz,
ich enweiz niht, umbe waz.
sît er dînen stuol besaz,
10 selten er des ie vergaz,
erne twunge ie vürebaz.   75,25
sîn gewalt wol tûsent ellen vür den dînen gât.
er hât in diu lant
dir ze schaden her gesant
15 allez sîn gesinde, daz dich roubet offenlîche mit
[gewalticlîcher hant.

II Sîne winde kalt   *R1,2 c94,2 d5,2 s2 w5,2*   75,30
habent dînen grüenen walt
harte jâmerlîch gestalt,
des diu heide sêre enkalt
5 an ir bluomen manicvalt:
si ist verderbet, daz si sich ze hove wil beklagen.   76,1
bluomen unde loup
was des rîfen êrster roup,
den er in die secke schoup:
10 er enspielt in noch enkloup.   76,5
des ist manic herze toup,
daz an sînen vröuden wol von schulden muoz ver-
[zagen.
îs und anehanc
hât der vogelîne sanc
15 gar gestillet in den welden, dâ si müezen swîgen allen
[disen winder lanc.   76,10

III Bluomen unde klê,   *R1,3 c94,3 d5,3 s3 w5,3*
manger hande wünne mê   *(C: Goldast, Paraen. vet. s. 437)*

die verderbet uns der snê.
disiu sorge tuot mir wê,
5 daz uns iht vor im bestê. 76,15
sumer, dîne holden von den huoben sint gevarn.
leit ist mir geschehen
an der liehten sunne brehen,
die wir dicke trüebe sehen,
10 des wir alle müezen jehen. 76,20
beidiu vinger unde zehen
sol ein ieslîch man vor disen winden wol bewarn.
ougen unde brâ
vor der winderraezen schrâ
15 sult ir wol behüeten, wan si verwet einen jungen, daz
man waenet, er sî grâ. 76,25

IV Swaz ich tumber klage *c* 94,4 *d* 5,4 *s* 4 *w* 5,4
bluomen und die liehten tage
unde an freuden niht verzage
bî dem kumber, den ich trage
5 (mêre, denne ich iemen sage), 76,30
daz ist ir gedienet, der ich vil gedienet hân
unde ir dienen wil
unz an mîner jâre zil,
ir sî lützel oder vil:
10 disen ruom ich nieman hil. 76,35
habe siz immer für ein spil,
doch sô wil ich dienen ir ûf einen guoten wân.
lîhte kumt ein tac,
daz ich sô gedienen mac, 77,1
15 daz mir von der guoten wirt gelônet, daz ich von ir
füere freuden vollen sac.

V Aller mîn gerinc *R* 1,4 *c* 94,5 *d* 5,5 *s* 5 *w* 5,5
daz ist ein verloren dinc.
swenne ir alle sprechet: „sinc, 77,5
ungemüete von mir swinc!"
5 sône lât ein getelinc
sî niht hoeren mînen sanc: daz lât iu wesen leit!
derst ir dicke bî

unde heizet mandelzwî; 77,10
wie der gouch getoufet sî,
10 der gewizzen bin ich vrî.
sîner nâchgebûren drî
habent ungevrâget etewenne alsô geseit,
daz er Eberzant 77,15
in der toufe sî genant.
15 disen sumer habent si mich verdrungen, er und ener sîn
[geloufte Herebrant.

VI   Die zwên geugeweten,   R 1,5 c 94,6 d 5,6 s 6 w 5,6
sint von Künehôhesteten,
als ein lewe an einer keten 77,20
gênt si an dem tanze treten
5 bî der lieben ungebeten.
swaz si dâ mit ir gerûnent, deist mîn ungewin
unde ist mir getân.
owê, welch ein sunderwân! 77,25
waz ich ungemaches hân
10 (mêre, danne ein ander man),
des ich niht erwenden kan!
sô mit ungenâden loufent mîne tage hin.
wê, gelückes rat, 77,30
wenne sol ich mîne stat
15 ûf dir vinden, oder wenne sol ich mînen vuoz gesetzen
[in der saelden pfat?

VII   In der saelden pfat   R 1,6 c 94,7 d 5,7 s 7 w 5,7
ich noch leider nie getrat.
dâ ich ie genâden bat, 77,35
dâ verstiez mich mîner stat
5 ein gebûwer gogelsat.
solher vlüste hân ich her gespilt wol drîzec jâr, 78,1
minnehalp verlorn
beide schaden unde zorn,
den ich lîhter het verborn,
10 daz doch nimmer wirt verkorn, 78,5
des ich tiuwer hân gesworn.
an der lieben Vriderûnen huop ez Engelmâr,

der ir spiegel nam,
des im gouche niht gezam.
15 des ist unvergezzen, ich getuo ir einem sînes herzen
küneginne alsam. 78,10

Nr. 26

R 4,1 C 182 c 87,1 d 10,1

I Sumer, dîner liehten ougenweide
muoz ich mich getroesten aber sunder mînen danc.
mich betwinget drîer hande leide,
diu bî mînen jâren nie sô sêre mich betwanc.
5 einez ist diu swaere zît, 78,15
diu uns allen nâhet;
so ist daz ander, daz mir trûren unde senen gît,
daz ir al der dienest mîn versmâhet,
daz dritte, daz diu guote an mînem arme niht enlît.

R 4,6 C 187 c 87,2 d 10,2

II Ich bin ir ze verre, sî mir nâhen. 79,18
ir vil lôsiu ougen brâhtens in daz herze mîn.
dô sich diu zwei liep êrst undersâhen, 79,20
dô dûht sî mich schoene sam der liehten sunne schîn.
5 unde ist ez, als ich kan spehen
an der wolgetânen,
nimmer müeze Madelwîge liep von ir geschehen,
der sich teiles niht an ir wil ânen, 79,25
wande ich noch under wîben hân sô schoenes niht
[gesehen!

R 4,7 C 186 c 87,3 d 10,3

III Ich trag allerherzenlîche swaere,
under mînen vreuden einen ungevüegen last,
der dem keiser überswenke waere,
unde ir doch dâ bî an mînem dienste nie gebrast, 79,30
5 ich gesunge ir niuwen sanc
gegen der wandelunge.
dâ mit diente ich ir den sumer und den winder lanc,
ê mich Madelwîc hin dan gedrunge.
nu sitze ich ûf dem schamel unde er oben ûf der banc. 79,35

R 4,2 C 184 c 87,4 d 10,5

IV Mîniu senelîchen klageliedel 78,20
gênt ir in diu ôren sam daz wazzer in den stein.
ich versmâhe ir lîhte ze einem vriedel:
unser beider wille der enhillet niht enein;
5 si ist mir vîent, ich ir holt:
wenne hât daz ende? 78,25
disen werren prüevet Madelwîc und Werenbolt:
got in beiden ir gelücke wende!
jâ hân ich disen sumer ir gewaltes vil gedolt.

R 4,3 C 188 c 87,5 d 10,4

V Ich hân ungemach von Madelwîge:
sîner ungenâden lîde ich mêre danne vil. 78,30
sîner ungevüege ich vil verswîge,
diech den liuten nimmer halbe ze ôren bringen wil.
5 ich bin im von schulden gram:
erst ze snabelraeze.
sach ab iemen den, der Vriderûn ir spiegel nam? 78,35
dem gelîch ist allez sîn gelaeze.
ze mangen stunden ich mich sînes ungelimphes scham.

R 4,4 C 183 c 87,6 d 10,6

VI Hiuwer, dô diu kint ir vröuden phlâgen,
dô spranc er den krumben reien an ir wîzen hant. 79,1
ich begunde mîne vriunde vrâgen,
wer der dörper waere: dô was ez in unbekant.
5 dâ bî wuohs mir ninder smer,
dô si vor mir sprungen. 79,5
jâ enwas sô hiuze niht sîn vater Engelgêr:
nû bin ich beswaeret von dem jungen.
owê, wer brâhte in ie von Sante Lîenharden her?

R 4,5 C 185 c 87,7 d 10,7

VII Jâ waer er mir sînes lîbes schuldec,
der in mir ze schaden ûz dem Vorste her vertreip. 79,10
er ist vrevellîchen ungeduldec.
owê, daz er dort bî sînen mâgen niht beleip!
5 sô enstriche er sînen vuoz
niht an mîne sîten.

lîhte wirt mir sîner ungenâden schiere buoz.   79,15
ich wil bitten den von Schônelîten,
daz er im sîne hulde gebe; ich waene wol, er tuoz.

Nr. 27

I   Mirst von herzen leide,   *R6,1 Cᵇ2,4 O1 c92,1*
daz der küele winder
verderbet schoener bluomen vil: 80,1
sô verderbet mich ein senelîchiu arebeit.
5 dise sorge beide
dringent mich hin hinder
ze ende an mîner vreuden zil.   80,5
owê, daz diu guote mit ir willen daz vertreit,
sît si wol geringen mac
10 alle mîne swaere!
hei, gelebte ich noch den tac,
daz sî genaedic waere!   80,10

II   Swenne ich mich vereine   *R6,2 A3 c92,2*
unde an sî gedenke,
waer inder wîbes güete dâ,
diune haete sich sô lange bî ir niht verholn.
5 sît si lônet kleine   80,15
mîner niuwen klenke,
wan mag ich dienen anderswâ?
nein, ich wil mit willen disen kumber langer doln.
waz, ob noch ein saelic wîp
10 gar den muot verkêret?   80,20
vreu mîn herze und troeste den lîp!
diu zwei diu sint gesêret.

III   Zuo dem ungemache,   *R6,3 Cᵇ2,6 c92,3*
den ich von ir lîde,
sô twinget mich ein ander leit,   80,25
daz vor allem leide mich sô sêre nie betwanc,
5 swiech dar umbe lache
und gebâre blîde:
mir hât ein dörper widerseit

umb anders niht wan umbe den mînen üppeclîchen
[sanc. 80,30
derst geheizen Adeltir,
10 bürtic her von Ense.
zallen zîten drôt er mir
als einer veizten gense.

IV Hiwer an einem tanze *R6,4 C*^{b}*2,7 O2 c92,4* 80,35
gie er umbe und umbe.
den wehsel het er al den tac:
glanziu schapel gap er umbe niuwiu krenzelîn.
5 Etzel unde Lanze,
zwêne knappen tumbe, 80,40
die phlâgen ouch, des jener phlac. 81,1
Lanze der beswaeret ein vil stolzez magedîn;
eine kleine rîsen guot
10 zarte er ab ir houbet,
dar zuo einen bluomenhuot: 81,5
wer het im daz erloubet?

V Owê sîner hende! *R6,5 C*^{b}*2,9 O3 c92,5*
daz si sîn verwâzen!
die vinger müezen werden vlorn,
dâ mit er gezerret hât den schedelîchen zar! 81,10
5 hiete er ir gebende
ungezerret lâzen,
daz kränzel hiete ouch sî verkorn.
er ist ungevüeger, danne wîlen Engelmâr,
der gewalticlîchen nam 81,15
10 den spiegel Vriderûne.
des bin ich dem dörper gram,
dem selben Walberûne.

VI Dise alten schulde *R6,6 C*^{b}*2,5 c92,6*
wecket mir diu niuwe: 81,20
ez hât jener getelinc
hiwer an mir erwecket, swaz mir leides ie geschach.
5 ê ichz langer dulde,
sêt des mîne triuwe,

gespringe ich zuo zim in den rinc, 81,25
er bestât sîn buoze, daz er ir ze vrouwen jach,
der ich lange gedienet hân
10 her mit ganzer staete!
wolde er sî geruowet lân,
wie rehte er danne taete! 81,30

VII Wê, waz hât er muochen! *R 6,7 C*b*2,8 c 92,7*
si kumt im niht ze mâze.
zwiu sol sîn pîneclîch gebrech?
im enmac gehelfen niht sîn hovelîch gewant.
5 er sol im eine suochen, 81,35
diu in werben lâze.
diu sînen rôten buosemblech
diu sint ir ungenaeme gar, dar zuo sîn hiufelbant.
enge ermel treit er lanc,
10 die sint vor gebraemet, 81,40
innen swarz und ûzen blanc. 82,1
mit sîner rede er vlaemet.

Nr. 28

I Si klagent, daz der winder *R 13,1 C 11 c 88,1*
koeme nie vor manger zît
scherpfer noch sô swinder: 82,5
sô klag ich: mîn vrouwe diu ist herticlîch gemuot;
5 sist wider mich ze strenge.
got ir ungenâden niht
immer gar verhenge
nâch ir willen über mich! sist wirser danne guot. 82,10
ich hân mîniu jâr
10 ir gedienet âne mâze.
niemen sol mir wîzen, ob ich mîne vrouwen lâze:
dâ vinde ich liebes lônes niht als grôz als umbe ein hâr.

II Verschamtiu umbetrîbe, *R 13,2 C 12 c 88,2* 82,15
sünden schanden reizelklobe,
lôsiu hoverîbe!
dienet man ir immer, sî gelônet nimmer wol.

5 ir lôn ist süeze selten.
vrouwen unde guotiu wîp 82,20
  habe ich niht ze schelten:
dise rede ich wol von mîner vrouwen sprechen sol.
diust an êren kranc:
10 dem gebâret sî gelîche.
do ichs alrest erkande, dô was sî sô tugentrîche, 82,25
daz ich ir mîniu liedelîn ze dienste gerne sanc.

III   Nu hât si sich verkêret; *C 13 c 88,3*
schamelôser, valscher diet
  ist ir hof gunêret.
triuwe, kiusche, guot gelaeze vindet niemen dâ: 82,30
5 die wâren ê gesinde;
des ich noch gedenke wol
  aldâ her von kinde.
swers nu vinden wil, der muoz si suochen anderswâ.
sî sint von ir stat 82,35
10 âne ir willen hin gedrungen.
wîlent was ein munt berihtet wol mit einer zungen:
nu sprechent zwô ûz eime; des ir hof die menge hât.

IV   [Mîn vrouwe ist wandelbaere, *C 14*
got und elliu guoten dinc 83,1
  (diu) sint ir gar unmaere.
swer die besten minnet, demst si nîdic und gehaz.
5 swer sich ze gote naehet,
er sî eigen oder vrî, 83,5
  (der) wirt von ir gesmaehet.
zuht und êre stüende mîner vrouwen verre baz.
sist der werke vrî,
10 diu nâch hôher wirde ringen.
ich hoer niht ir lop ze hove schalleclîchen singen. 83,10
nu seht, ob ich ze vrouwen wol an ir behalten sî!]

V   Mîner vrouwen êre *R 13,3 C 15 c 88,4*
diust an allen liden lam
  unde strûchet sêre.
sist gevallen, daz siz überwinden nimmer mac. 83,15

5 si lît in einer lachen,
   daz si niemen âne got
     reine kan gemachen.
sî gewinnet nimmer mêre rehten süezen smac.
sünden rîchen man, 83,20
10 hüetet iuwer vor ir wâze!
stêt in iuwer huote dâ ze kirchen und ze strâze!
ir saelden siechen vrouwen, verret iuch her wider dan!

VI [Ahzic niuwer wîse c 88,5
   loufent mir nu ledic bî, 83,25
     diech ze hôhem prîse
mîner vrouwen lange her ze dienste gesungen hân.
5 ditze ist nû diu leste,
   die ich mêre singen wil,
     an vröuden niht diu beste, 83,30
als ir an dem wunderlîchen sange iuch müget verstân.
diust sô künstelôs
10 beide an worten unde an rîme,
daz mans ninder singen tar ze terze noch ze prîme.
ich klage, daz ich solhe vrouwen ie ze dienste erkôs.] 83,35

VII [Nu nimt genuoge wunder, C 18
    wer diu selbe vrouwe sî,
      diech mit sange besunder
mit mîm hôhen lobe sô rehte wol getiuret hân.
si heizet Werlt süeze. 83,40
daz mich unser herre got 84,1
  vor ir befrîen müeze!
guotiu wîp diu enhabent mir ze leide niht getân:
mîner vrouwen nam
derst von wîben underscheiden. 84,5
mir und mêre liutes muoz wol in ir dienste leiden.
swâ man lop erkennet, da ist ir lop unlobesam.]

VIII Ich hiet ein ureliuge, R 13,4 C 16 c 88,7
    daz ich lange hân getragen
      mit vil grôzer smiuge. 84,10
daz hât mir versüenet wol der vürste ûz Ôsterlant.

die geilen dorefsprenzel,
die dâ wâren in dem geu
    alle voretenzel,
der vüert iegeslîcher nû ein îsenîn gewant 84,15
in die herevart,
dâ der vürste hin gebiutet.
jungiu wîp, ir werdet selten mê von in getriutet:
si sint nu hereliute, Bereliup und Irenwart.

IX Irenwart und Uoge, R 13,5 C 17 c 88,8 84,20
    die von rehte solten phlegen
        bûwes mit ir phluoge,
    die sach man ze Wienne koufen currît unde platen.
    Uoge der kouft eine,
    dar zuo zwei vil dickiu leder 84,25
        vür diu schinebeine.
    wer sol im ze Ruste mêre tanzens vor gestaten?
    er hât einen neven
        dâ bî im ze Michelhûsen.
    wil der rihter hôher bî der Persenicke mûsen, 84,30
    dâ ist ir vil, die strît ûf kirichtagen künnen heven.

X   Swer einen vogel haete, C 19 c 88,9
    der mit sange dur daz jâr
        sînen willen taete,
    der solt underwîlen zuo dem vogelhûse sehen 84,35
 5 und gebe im guote spîse!
    sô sung im der selbe vogel
        gerne süeze wîse
    und müeste er im mit willen guoter meisterschefte 85,1
    wolte er sînen sanc   [jehen.
10 gerne hoeren in dem meien,
    sô solt er in den winter mit geraete ein lützel heien:
    die vogele sagent mit sange guoter handelunge danc. 85,5

        Nr. 29
                     R 18,1 C 117 c 113,1
I   Owê, lieber sumer, dîner süeze bernden wünne,
    die uns dirre winder mit gewalte hât benomen!

lebt ab iemen, der ez zwischen iu versüenen künne?
ez ist manic herze gar von sînen vröuden komen,
5 diu sich vröuten dîner zît 85,10
immer gein dem meien.
winder niemen vröude gît
wan den stubenheien.

R 18,2 C 126 c 113,2
II Vrômuot vert in trûren nû von lande hin ze lande,
ob si iemen vinde, der in ganzen vröuden sî. 85,15
wer ist nû sô sicher, der ir irren boten sande,
dem sî künde, sî sî alles ungemaches vrî?
5 wer ist nû sô vreuden rîch,
dâ si sî gesinde,
wan der vürste Vriderîch? 85,20
kom, dâ sî den vinde!

C 127 c 113,3
III [Sî hât mit versuochen elliu tiutschiu lant durch-
[wallen,
dazs eht leider niemen gar in ganzen vröuden vant;
swar si ie kam, dâ vant si niht wan trûren bî in allen.
nû hât sî ir spehe ûz in daz Osterlant gesant: 85,25
5 diu vert wider unde vür
allez tougenlîchen,
ob si in vröuderîcher kür
vinde Vriderîchen.]

R 18,3 C 128 c 113,4
IV Wil er sî behalten, sî wil gerne dâ belîben: 85,30
sî was in dem willen, dô der bote von im schiet;
sî und ir gespilen wellen dâ die zît vertrîben.
wê, wer singet uns den sumer niuwiu minneliet?
5 daz tuot mîn her Troestelîn
und mîn hoveherre; 85,35
der gehelfe solte ich sîn:
nu ist der wille verre.

R 18,4 C 119 c 113,7
V Weiz ab iemen, war die sprenzelaere sîn verswunden?
der waen ninder einer in dem lande sî beliben.
wê, waz man ir hiete ûf Tulnaere velde vunden! 86,1
ez ist wol nâch mînem willen, sint si dâ vertriben.

5 alle dûhten sî sich wert
   mit ir langem hâre,
   hiuwer tumber danne vert. 86,5
   seht an Hildemâren!

   R 18,5 C 124 c 113,8
VI Der treit eine hûben, diu ist innerthalp gesnüeret
   und sint ûzen vogelîn mit sîden ûf genât.
   dâ hât manic hendel sîne vinger zuo gerüeret,
   ê si sî gezierten: daz mich niemen liegen lât. 86,10
5 er muoz dulden mînen vluoch,
   der ir ie gedâhte,
   der die sîden und daz tuoch
   her von Walhen brâhte.

   R 18,6 C 120 c 113,9 86,15
VII Habt ir niht geschouwet sîne gewunden locke lange.
   die dâ hangent verre vür daz kinne hin ze tal?
   in der hûben ligent sî des nahtes mit getwange
   und sint in der mâze sam die krâmesîden val.
5 von den snüeren ist ez reit
   innerthalp der hûben, 86,20
   vollecliche hände breit,
   so ez beginnet strûben.

   R 18,7 C 125 c 113,10
VIII Er wil ebenhiuzen sich ze werdem ingesinde,
   daz bî hoveliuten ist gewahsen unde gezogen.
   begrîfents in, si zerrent im die hûben alsô swinde: 86,25
   ê er waene, sô sint im diu vogelîn enpflogen.
5 solhen kouf an solhem gelt
   niemen sol versprechen.
   jâ hât vil daz Marichvelt
   solher zügelbrechen. 86,30

Nr. 30

R 20,1 c 90,1
I Allez, daz den sumer her mit vreuden was,
   daz beginnet trûren gein der winderlangen swaeren zît.
   sanges sint diu vogelîn geswigen über al.
   gar verdorben sint die bluomen unde gras.

5 schouwet, waz des kalten rîfen oben ûf dem walde lît! 86,35
ez ist wol von sînen schulden, ist diu heide val.
daz ist ein gemeiniu klage,
diu mich vröuden wendet:
daz ist an mînem lesten tage 87,1
10 leider unverendet.

R 20,2 c 90,2

II Sô nimt lîhte iuch wunder, waz diu klage sî,
diech durch bezzerunge mînen lieben vriunden hân geseit.
ich wils iuch bescheiden, daz ir sprechet: „ez ist 87,5
bî der werlde niemen lebet sünden vrî: [wâr."
5 ja ist ez sô ie lenger sô ie boeser in der kristenheit.
mîne tage swindent unde kurzent mîniu jâr.
solde ich dâ bî vröuden phlegen,
diu niht von herzen gienge, 87,10
und dienest lâzen under wegen,
10 der mich baz vervienge?

R 20,3 c 90,3 O 18

III Swenne ich sündehafter solte in riuwen baden,
sô wil sî, mîn vrouwe, deich ir kinden singe niuwen sanc:
sô muoz ich mich ir gewaltes mit verzîhen wern. 87,15
sî endarf mich nimmer mê an sich geladen:
5 von ir dienest umbe ein scheiden sô stêt aller mîn gedanc.
ich bin in dem willen, daz ich wil die sêle nern,
diech von gote geverret hân
mit üppiclîchem sange. 87,20
der engel müeze ir bî gestân
10 und hüete ir vor getwange!

O 19 c 90,5

IV Mîn vrouwe diu ist elter danne tûsent jâr 87,33
unde ist tumber, dan bî siben jâren sî ein kindelîn:
mit sô swacher fuore wart mir vrouwe nie bekant. 87,35
sî hât mich verleitet an daz ende gar
5 und hât noch gedingen zeinem immer wernden diener
[mîn.
alsô sagte mir ein bote; den het si mir gesant
unde enbôt mir offenbâr

Winterlieder

ir dienest unde ir minne: 87,40
dô widersagte ich ir vil gar: 88,1
10 si valschiu triegaerinne!

                                  R 20,4 O 20 c 90,4

V   Êrelôsiu vrouwe, wê, waz welt ir mîn? 87,23
lât iu tûsent junge dienen hinne vür an mîner stat!
ich wil einem herren dienen, des ich eigen bin: 87,25
ich enwil niht langer iuwer senger sîn.
5 daz ich iu ze dienest ie sô mangen geilen trit getrat,
daz ist mînes heiles, mîner sêle ungewin.
daz ich iuch dô niene vlôch,
daz ist mîn meistiu swaere, 87,30
und mich ze herren niht enzôch,
10 des lôn noch bezzer waere.

VI   Sît die wîsen alle heizent gotes kint   *c 90,6*   88,3
(waere ich danne wîs, sô koeme ich mit in an der kinder
zuo der samenunge: da ist mir leider verre hin) [schar 88,5
und der Werlde holden alle tôren sint,
5 herre got von himelrîche, gip mir dîn geleite dar!
kraft ob allen kreften, nû gesterke mir den sin,
daz ich mîner sêle heil
um dich verdienen müeze 88,10
und immer wernder wünne teil
10 durch willen dîner süeze!

                                    R 20,5 c 90,7

VII   Swenne ich an ein trûren wende mînen muot,
sô kumt einer unde sprichet: „guote, singet etewaz!
lât uns mit iu singen, tuot uns vröudehelfe schîn! 88,15
swaz man nû gesinget, daz ist niht ze guot.
5 mîne vriunde sprechent, ir gesunget wîlen verre baz.
sî nimt immer wunder, war die dörper komen sîn,
die dâ waeren hie bevor
ûf Tulnaere velde." 88,20
ez vert noch einer mit ir spor,
10 des üppekeit ich melde.

VIII   Erst geheizen rehtes namen Limizûn.   *R 20,6 c 90,8*
er und einer sîn geselle (derst getoufet Holerswam),

er ist ninder hie, der ie gesaehe ir beider gaten. 88,25
des einen hâr ist reideval, des andern -brûn.
5 erst noch toerscher, danne der uns Vriderûn ir spiegel
oder jene, die ze Wienne wîlen kouften platen. [nam
ir beider buosem sint beslagen
wol mit knophelînen, 88,30
zweier zîle alumbe den kragen,
10 dazs ot verre schînen.

R 20,7 c 90,9

IX Ir hüete, ir röcke, ir gürtel die sint zinzerlîch, [gemâl:
ir swert gelîche lanc, ir schuoch unz ûf daz knie ergât
alsô truogen sîs den sumer ûf den kirichtagen. 88,35
üppiclîches muotes sint si ellenclîch,
5 daz si waenent, sî sîn künftic von der Treisem hin ze tal.
wie moht mîn vrou Süezel Limezûnen daz vertragen,
daz er an ir hende spranc
den reien? von der tschoyen 88,40
sîn houpt er zoedeclîchen swanc 89,1
10 gein ir zem turloyen.

Nr. 31

I Owê, liebiu sumerzît, *R 21,1 A 11 c 85,1 d 15,1*
daz er sî verwâzen,
der uns dîn ze heile und ouch ze vröuden niene 89,5
dem ist manic herze gram, [günne!
5 daz nu trûren muoz.
schouwet, wie diu heide lît!
der ist niht verlâzen
aller bluomen, dâ si mit ir scham verdecken künne. 89,10
wê dem winder, ders ir nam!
10 schiere werde uns buoz
sîn und aller der, die mir die guoten vremde machen!
den enwirde ich nimmer innerclîchen holt.
Willekint und Amelolt 89,15
habent mich beworren dâ mit lügelîchen sachen.

II Wê, war umbe tuont si daz? *R 21,2 c 85,2 d 15,2*
möhte sis verdriezen!

jâ engêt ir noch mîn singen leider niht sô nâhen,
als ez ir doch solde gên, 89,20
5 waere ich saelic man.
selten ich ir ie vergaz:
möhte ich sîn geniezen!
jâne kan mich langer dienest gein ir niht vervâhen.
sîne wil des niht verstên, 89,25
10 daz mîn lieber wân
lît an ander niemen niwan an ir einer lîbe.
ine gestên ir mîner triuwen nimmer abe.
seht, ob siz vür dienest habe!
si ist in mînem herzen immer liebist aller wîbe. 89,30

III   Disiu rede lige alsô: *R 21,3 c 85,3 d 15,3*
lâzen wirs belîben!
sprechen, wê, waz tuon ab nû die tumben getelinge!
von den hân ich boesen wert,
5 swelhen ende ich var. 89,35
alle waeren sî sîn vrô,
möhten sî vertrîben
mich von mînen vröuden und von lieber stat verdringen.
wol ir, der mîn herze gert
10 stille und offenbâr! 90,1
ine geloube niht, daz sî gehengen an ir vinden.
bezzer waere in, liezen sî mich âne nôt.
ich gemaches alle rôt,
die dâ mit ir rûnent, wellent sî sîn niht erwinden. 90,5

IV   Immer an dem vîretage *R 21,4 A 12 c 85,7 d 15,4*
sost ir samenunge.
swaz der dörper ist in einem wîten umbesweife,
koment mit ein ander dar
5 alle ûf mînen tratz. 90,10
wê mir sîn, er irrer krage!
Fridepreht der junge
greif ir an daz künne: in weiz, nâch wiu der tôre greife.
sîne vürhtent umbe ein hâr
10 niemens widersatz; 90,15
doch mac er und etelîcher dâ vil wol bestrûchen,

daz im bezzer waere, und hete er ez verborn.
sînes swertes helze vorn
zarte ir bî dem krumben reien einen kleinen stûchen.

         R 21,5 A 13 c 85,8 d 15,5
V Do er in sînem geile spranc   90,20
  an dem umbeswanke,
  dô begreif ez in und zarte in ûz unz an daz ende.
  owê, daz man imz vertreit,
5 jenem toerschen kragen!
  ez geschach niht sunder danc: 90,25
  ez ergie mit danke;
  daz verwizzen im genuoge zeiner missewende.
  waz im liute widerseit!
10 wil si sich beklagen,
  sî gemachet im sîn umbesaezen vil unwaege. 90,30
  möhte er tôre sîn gehelze slîfen zuo,
  ê deiz solhen schaden tuo!
  wir vertrüegen, daz sîn swert in einem korne laege.

VI Allez Tulnaere velt   *R 21,7 c 85,6 d 15,6* 91,8
  daz hât niht sô tumbes
  von der Treisem hin ze tal engegen Zeizenmûwer, 91,10
  swâ si sint, die selben drî.
5 noch ist einer dâ,
  dem gêt wol sîn schîbe enzelt
  slehtes unde krumbes
  unde ist doch von allen vieren enen ein gebûwer. 91,15
  erst ir dicke nâhen bî:
10 dâ von sô wirde ich grâ.
  er ist Hildeboldes swester sun von Berenriute, 91,4
  der dâ wart geslagen umbe ein ingewer:
  daz tet jener Willegêr.
  er tuot mort, kumt er, dâ sich gesament tumbe liute. 91,7

VII Dâ ir bî ein ander sît, *R 21,6 c 85,4 d 15,7* 90,34
  tumbe getelinge,   90,35
  dâ sult ir iuch hüeten wol vor enem toerschen knehte:
  der gêt alrest hiwer her vür

5 und ist geheizen Ber.
der ist lanc und ahselwît,
gîtic übeler dinge 90,40
unde wünschet, daz er kom, da er im genuoc gevehte. 91,1
er kumt kûme in zer tür.
10 phî, wer brâhte in her?
erst noch tumber, danne die uns in den anger 91,18
sâht ir den, der Vriderûn ir spiegel nam? [sprungen.
jener der gebârt alsam. 91,20
erst ir einer, der mich hât von lieber stat verdrungen.

VIII [Er treit eine buosemsnuor *R 21,8 c 85,5 d 15,8*
von alrôten sîden,
Fridebreht der junge, unde ein misencorden lange:
daz gêt hinden verre dan 91,25
5 unde ist kopherrôt.
ich sage iu, wie er vert gevuor
(des muoz ich in nîden),
dô sich der tanz zelie und daz ez was in dem gedrange,
daz man sitzen solde gân, 91,30
10 dâ er hin gebôt.
ine gesach mir nie bî mînen jâren alsô leide,
als ich mir zewâre an der vil guoten sach,
die er ûf ein rippe stach
mit dem selben mezzer, daz gie niden ûz der scheide.]
[91,35

IX Er treit einen maecheninc, *R 21,9 c 85,9 d 15,9*
der snîdet als ein schaere,
und einen guoten fridehuot von häselînen zeinen.
einen vilz den hât er dar
5 sô schône ûf gezogen; 92,1
er schrôtet mangen îsenrinc,
wambeis macht er laere.
swâ ir sît, ir muget iuch wol mit êren ab im leinen,
dörper: nemt des selben war! 92,5
10 er heizet videlboge.
sîn ort daz ist gelüppet; er ist mort, den ez erreichet:
der muoz an der selben stat geligen tôt.

ist daz niht ein grôziu nôt?
er ist ein Weidhovaere, wol gehertet unde geweichet. 92,10

Nr. 32

I Winder, dîniu meil *R 38,1 c 101,1*
diu verderbent uns den walt,
die bluomen und die heide sam.
sumer, dîn gesinde ist allez worden vreuden lôs.
5 manic herze geil 92,15
hât ze trûren sich gestalt,
den allen vreude wol gezam.
wie zimt einem wîbe, diech vür elliu wîp erkôs,
daz si nie
10 mir vervie 92,20
mînen sanc ze guote,
den ich ir mit dienste willeclîchen sanc
unde stên noch hiute in mîner huote,
daz si an mîner staete nindert vindet dwerhen schranc?

II Sol mîn staetikeit *R 38,2 c 101,2* 92,25
und der lange dienest mîn
erwerben niht wan ir versagen,
sô muoz mich von schulden riuwen, daz ichs ie began.
5 mirst iedoch geseit,
die dâ staete künnen sîn, 92,30
daz sî gelücke wol bejagen.
vrouwe Saelde, ûf dînen trôst ich noch die guoten man,
daz si ir strît
10 unde ir nît
gein ir vriunden lâze. 92,35
tuot si daz, sô wirt daz ende lîhte guot.
schaffe ir ungenâden eine mâze!
wê, daz immer wîp an guoten vriunden missetuot!

III Von der staete mîn *R 38,8 c 101,4* 94,3
bin ich nîdes überladen.
nu hoeret, vriunde, mîne klage! 94,5
râtes unde lêre der bedorfte ich nie sô wol.

5 Erphe und Adelwîn
tuont mir ungedienet schaden.
daz eltet mich ê mîner tage.
niemen sol des waenen, deich z mit guotem willen dol. 94,10
ditze jâr 94,25
10 sunderbâr
wurbens umbe ir minne,
diu mir hiute und immer ist vür elliu wîp.
vrouwe, mînes herzen küneginne,
dû solt nimmer man getroesten vür mîn eines lîp. 94,30

IV   Dîner ôren tür R 38,6 c 101,5   94,17
müezen dir verslozzen sîn,
dazs immer iht von in vernemen,
die mîn wider dich gedenken anders danne wol! 94,20
5 lâ die rede vür,
herzenliebiu vrouwe mîn,
die dir ze hoeren niht gezemen!
solher lêr man guoten vriunden gerne volgen sol.
Künebreht, 94,11
10 Engekneht,
zwêne tozelaere,
muotent dîner êren: vrouwe, den versage!
daz ist mînes lieben herzen swaere, 94,15
der ich tougenlîche vil in mînem herzen trage.

V   Schouwet an mîn hâr, R 38,3 c 101,6   93,1
daz gevar ist als ein îs!
daz grâwet mir (des ist niht rât),
wande mir von getelingen niwan leit geschach.
5 jener Engelmâr, 93,5
von des schulden bin ich grîs,
der hiute noch den spiegel hât,
den er dörper Vriderûnen von der sîten brach.
von der zît
10 immer sît 93,10
warp ich nimmer mêre,
ich enhiete ein iteniuwez herzenleit.

   daz ist mînes leiden herzen sêre
   von der liebe, die mîn herze sînem liebe treit.

VI Von hinne unz an den Rîn,   *R 38,4 c 101,7* 93,15
   von der Elbe unz an den Phât,
   diu lant diu sint mir elliu kunt:
   diu enhabent niht sô manegen hiuzen dorefman,
  5 als ein kreizelîn
   wol in Oesterrîche hât;   93,20
   da ist inne manic niuwer vunt.
   seht, daz brüevet einer, der mir lützel guotes gan!
   Wankelbolt,
 10 selten holt
   was er mir mit triuwen.   93,25
   er ist scharemeister in dem Lugetal:
   daz mac jenen gouch vil wol geriuwen.
   kumt er mir ze râme, ich dürkel im die hirenschal.

VII Bî dem Lugebach   *R 38,5 c 101,8*
   ener mit gewalte vert: 93,30
   er waenet in den lüften sweben.
   sîne triuwe habent aberhâken als ein gêr.
  5 michel ungemach
   was mir ie von im beschert;
   daz ist im noch vil unvergeben: 93,35
   daz beweinent viere und dar zuo etelîcher mêr.
   lachent an
 10 er den man
   snîdet mit der zungen.
   wê der muoter, diu in mir ze schaden truoc! 93,40
   nû bin ich beswaeret von dem jungen,   94,1
   daz ich hân von sînen schulden ninder gênden phluoc.

VIII Liebe mir geschach: *R 38,7 c 101,3* 94,31
   waer diu liebe alsô beliben!
   ich kom, dâ ich vil rôsen vant.
   seht, der brach ich eine! diu wart schiere dô verlorn.
  5 leit und ungemach   94,35
   hât mir vreude vil vertriben.
   ich sage iu, waz mir wart bekant:

do ich si brach, dô tet mir wê ein ungevüeger dorn,
daz ich vil
10 gwisse enwil 95,1
nimmer rôsen brechen,
ichne sehe, ob iz der rehten einiu sî.
sumelîche rôsen künnen stechen,
rehte rôsen die sint aller wandelunge vrî. 95,5

Nr. 33

I Owê, sumerwünne,   *R41,1 c83,1 d8,1* 97,9
daz ich mich dîn ânen muoz! 97,10
der mir dîn enbünne,
dem enwerde nimmer buoz
5 herzenlîcher leide,
und der wolgetânen,
nâch der ie mîn herze ranc! 97,15
sol ich mich ir ânen,
daz ist under mînen danc.
10 swenne ich von ir scheide,
sô geschiet nie man unsanfter von deheinem wîbe.
bezzer waere mir der tôt, 97,20
danne ein seneclîchiu nôt
die lenge alsô belîbe.

II Klagte ich nû besunder,   *R41,2 c83,2 d8,2*
waz ich leides ie gewan,
ich hân ez vür wunder, 97,25
daz mir maneger niht engan,
5 ob mir liep geschaehe
von dem besten wîbe,
diech mit ougen ie gesach.
sî hât an ir lîbe, 97,30
des man ie ze guote jach.
10 swie si mich versmaehe,
ich geloube niht, daz siz alsô von herzen meine.
ich getrouwe ir, als ich sol,
lônes und genâden wol, 97,35
und hulfe ez mich joch kleine.

III Ich bin in von schulden	*R 41,3 c 83,3 d 8,3*
immer nîdic unde gram,	
die mich von ir hulden	
dringent: daz ist Berehtram	98,1
5 und der junge Gôze	
und der ungenande,	
des ich nennen niht entar,	
der daz gerne wande,	98,5
naeme sî mîn inder war.	
10 sîner spiezgenôze	
der sweimte einer von dem oberisten Bireboume.	
dô ers umbe ir minne bat,	
ûf daz röckel er ir trat	98,10
dâ niden bî dem soume.	

IV Dâ si bî dem tanze	*R 41,4 c 83,4 d 8,4*
gie (er gie ir an der hant),	
von dem ridewanze	
kom sîn vuoz ûf ir gewant:	98,15
5 daz lac an der erde.	
an dem umbeslîfen,	
daz den jungen sanfte tuot,	
wart er von der phîfen	
üppic unde hôchgemuot;	98,20
10 wande er gie im werde.	
selten kom sîn munt mit rûnen dankes ûz ir ôren,	
des vil sêre mich verdrôz.	
er und ouch sîn spiezgenôz	
sint guoter sinne tôren.	98,25

V Von der Persenicke	*R 41,5 c 83,5 d 8,5*
nider unz an daz Ungertor	
in der dörper dicke	
weiz ich ninder zwêne vor,	
5 die mit ebenhiuze	98,30
sich zuo zin gelîchen.	
jâ waen inder zwêne knaben	
in allen diutschen rîchen	
bezzer ez mit wîben haben	

10 niht gein einer griuze. 98,35
Engelmâr gewan ez niht sô guot mit Vriderûne,
als ez doch der einer hât.
jener dürkel ir die wât,
ê daz er dâ gerûne!

Nr. 34

R 40,1 c 91,1 d 7,1

I Sumers und des winders beider vîentschaft 95,6
kan ze disen zîten niemen understân.
winder der ist aber hiwer mit sînen vriunden komen:
er ist hie mit einer ungevüegen kraft;
5 erne hât dem walde loubes niht verlân 95,10
und der heide ir bluomen unde ir liehten schîn benomen.
sîn unsenftikeit
ist ze schaden uns bereit.
sît in iuwer huote! er hât uns allen widerseit.

R 40,2 c 91,2 d 7,2

II Alsô hân ich mîner vrouwen widersagt: 95,15
sî endarf mîn niht ze dienestmanne jehen;
ich gediene ir williclîchen nimmer einen tac,
sît si guoten vriunt in vîndes stricke jagt.
5 ich wil mir ein lange wernde vrône spehen,
diu mich hin ze gotes hulde wol gebringen mac. 95,20
die verliust si mir:
deste wirs getrouwe ich ir.
sî sol wizzen, daz ich ir ze vrouwen wol enbir.

R 40,3 c 91,3 d 7,3

III Ist daz niht ein wandel an der vrouwen mîn?
swer ir dienet, dem ist kranker lôn beschert. 95,25
sî verleitet manegen, daz er in dem drûhe lît;
des muoz leider liebes lônes âne sîn,
5 der ouch in ir dienste hin ze helle vert.
er ist saelic, swer sich von ir verret bî der zît,
daz er ze mittem tage 95,30
sînen phenninc hie bejage,
den er um die vesperzît verdienet mit im trage.

R40,4 c91,9 d7,4

IV Swaz ich nû gesinge, daz sint klageliet:
dâ envreut sich lützel leider iemen von.
ê dô sang ich, daz den guoten liuten wol gezam.   95,35
sît daz mich daz alter von der jugende schiet,
5 muoz ich dulden, des ich ê was ungewon.
niemen sich verzîhe, im geschehe vil lîhte alsam!
wirt er als ich grâ,
sô ist missebieten dâ.   96,1
sô der wolf inz alter kumt, sô rîtet in diu krâ.

R40,5 c91,4 d7,5

V Ê dô kômen uns sô vreuden rîchiu jâr,
dô die hôchgemuoten wâren lobesam:
nu ist in allen landen niht wan trûren unde klagen, 96,5
sît der ungevüege dörper Engelmâr
5 der vil lieben Vriderûne ir spiegel nam.
dô begunde trûren vreude ûz al den landen jagen,
daz si gar verswant.
mit der vreude wart versant   96,10
zuht und êre; disiu driu sît leider niemen vant.

R40,6 c91,13 d7,6

VI Der mir hie bevor in mînen anger wuot
und dar inne rôsen zeinem kranze brach
unde in hôher wîse sîniu wineliedel sanc,
der beswârte nie sô sêre mir den muot   96,15
5 als ein dinc, daz ich von Willekinde sach.
do'r den krumben reien an ir wîzen hende spranc,
dô swanc er den vuoz,
des mîn vreude swinden muoz.
er und Gätzeman gewinnet nimmer mînen gruoz.   96,20

R40,7 c91,12 d7,7

VII Er spranc winsterthalben an ir wîzen hant:
houbet unde hals gie im vil vaste entwer,
dem gelîche, als der des lîbes niht gewalten mac.
dô wart mir der oede krage alrest bekant.
5 wê, wer brâhte in ie von Atzenbrucke her?   96,25
dâ hât er gesungen vor vil manegen vîretac:

des tuot er wol schîn.
er wil alsô tiuwer sîn
als der durch daz röckel trat der lieben vrouwen mîn.

R40,8 c91,6 d7,8

VIII Minne, wer gap dir sô rehte süezen namen,   96,30
daz er dir dâ bî niht guoter witze gap?
Minne, hôhe sinne solten dîn geleite sîn.
ich muoz mich ze manegen stunden vür dich schamen:
5 dû verliusest dicke dînen riutelstap.
daz dû swachen vriunden gîst dîn haerîn vingerlîn, 96,35
dêst dîn êre kranc.
daz dû, vrouwe, habest undanc!
in dîn haerîn vingerlîn ein kneht den vinger dranc.

R40,9 c91,7 d7,9

IX Daz siz niht dem ritter an den vinger stiez,
dô iz in der niuwe und in der wirde was!   97,1
dannoch hete siz dem knehte wol vür vol gegeben.
ich weiz rehte niht, war umbe sî daz liez.
5 lîhte was der kneht ir ougen spiegelglas.
Minne ist sô gewaltic, dâ si hin beginnet streben, 97,5
Minne ist sô gemuot,
der mit werke ir willen tuot,
daz si dâ hin minnet, dâ ir êre ist unbehuot.

Nr. 35

I Owê dirre nôt!   *R44,1 C1 c93,1*   99,1
wie hânt sich verwandelôt
dise liehten sumertage!
von sô senelîcher klage
5 trûret manic herze, daz in hôhem muote was.   99,5
deist ab elliu jâr,
daz der winder offenbâr
uns beroubet âne wer
mit gewalticlîchem her.
10 er benimt uns vil der schoenen bluomen unde gras. 99,10
alsô hât ein wîp

mich beroubet gar der sinne,
an den triuwen, unde ich sî sô herzenlîchen minne.
wie wart ungenaedic ie sô minniclîcher lîp?

II Ich bin zweier schaden   *R 44,2 C 6 c 93,2*   99,15
von ir schulden überladen,
die mir alze swaere sint.
ich bin tumber danne ein kint,
5 daz ich hân gedienet âne lôn und âne danc.
so ist der dritte schade: 99,20
saehe sî mich ûf dem rade,
sî gespraeche nimmer: „ach!"
des si selbe mir verjach.
10 owê, daz ir lop von mînem munde ie sus erklanc!
sî tuot als der stein,   99,25
der daz îsen an sich ziuhet:
von der sînen grôzen kraft man in mit scheffen vliuhet;
alsô ziuhet sî mich zuo ir in gelîchem mein.

III Wâ nu vriunde rât,   *R 44,3 C 2 c 93,3*
sît si niht genâden hât?   99,30
wiech mit disem dinge tuo,
dâ bedörfte ich râtes zuo:
5 râte ein ieglîch vriunt, alsô diu rede waere sîn!
schiede ich nû von ir
(sît ich herzenlîche gir   99,35
nâch ir wernden minne hân,
daz enist niht guot getân),
10 wê, war umbe lieze ich nû den langen dienest mîn?
ich wil vürebaz
mîn gelücke noch versuochen,   99,40
ob dâ vrouwe Saelde mînes heiles welle ruochen. 100,1
mir hât hiwer ein getelinc geniuwet mînen haz.

IV Daz ist Irenber.   *R 44,4 C 3 c 93,4*
vert von Botenbrunne er
durch sîn höfschen dâ her abe,   100,5
ein vil hiuzer dorefknabe,
5 guoter wîbe minne müeze im nimmer werden teil!

deist ein swinder vluoch.
ine kunde ez an ein buoch
nimmer halbez hân geschriben, 100,10
daz er wunders hât getriben
10 hiuwer mit der lieben, dâ die jungen wâren geil.
ob er sich ertobet
nâch ir minne unde erwunne,
erst ir ungewert. nu höfsche er hin gein Botenbrunne!
[100,15
sî hât mich und in und alle unstaete man verlobet.

V Braeche sî den eit, *R44,5 C4 c93,5*
lieze ir mîne sicherheit
von ir vriunden hôhe staben,
daz ichs immer wolde haben 100,20
5 liep vor allem liebe hin, dô liep hân ende hât,
mähte iz ir gezemen,
daz siz alsô wolde nemen,
als ich ir geteilet hân,
sô hiet al mîn lieber wân 100,25
10 sich nâch mînem willen wol volendet. nûne lât
jener Irenber
mir niht wol an ir gelingen.
jâne wil ich nimmer mêre wîbes lop gesingen,
ob si mich verzîhet unde ir minne jenen wer. 100,30

VI Herze, dirst ze gâch, *C5 c93,7*
volgest dû den ougen nâch,
swâs ein schoene wîp ersehent:
sô verst in den sprüngen pfnehent
5 unde gedenkest: „heyâ, het ich disen goldes grif!" 100,35
so ist dir lützel kunt,
ob dîn lieber ougen funt
âne missewende sî:
der gedanke bist dû frî.
10 wirt dîn wille ervollet, sô geriuwet dich der wif, 101,1
ist diu liebe gast,
dâ diu schoene ist ingesinde.

iemer saelic, der si beide an einem wîbe vinde!
solhes fundes mir an schoenen wîben ie gebrast. 101,5

VII Fürste Friderîch, *C 10 c 93,14*
unde waere ez betelîch,
umbe ein kleinez hiuselîn,
dâ mîn silbers vollez schrîn
5 waere behalten inne, daz ich hân von dîner gebe, 101,10
des wil ich dich biten:
dû vernimz mit guoten siten!
jâ bin ich in dînem geu
manges snoeden understreu.
10 ich wil ez gedienen, al die wîle sô ich lebe, 101,15
hie mit mîner hant,
hin ze gote mit mîner zungen:
wirt in frônekôre ein lobeliet von dir gesungen,
dâ von wirst dû in dem paradîse wîte erkant.

Nr. 36

I Owê, winder, waz dû bringest *R 46,1 c 112,1* 101,20
trüeber tage und wie duz allez twingest,
daz den sumer mit vreuden was!
dû hâst vogele vil betwungen,
5 dâ der walt was aller von besungen,
dar zuo bluomen unde gras. 101,25
ich verklagte ez allez wol,
wolte mich diu vrouwe mîne
scheiden von sô manegem kumberpîne,
10 den ich von ir gwalte dol.

II Sî kan zouberliste tougen: *R 46,2 c 112,2* 101,30
si ist mir tac und naht vor mînen ougen
dem gelîch, sam ich si sehe;
si ist mir in dem slâfe nâhen.
5 solde ich sî mit armen umbevâhen
und daz minneclîch geschehen! 101,35
daz ist allez ein getroc,

daz mich in dem slâfe triuget
und mir in dem lieben wâne liuget.
10 dâ von hân ich grâwen loc. 102,1

III Wâ nu friunt? hât ieman stüppe, *c 112,3* 240,1
daz mir waere guot für zouberlüppe *(C: Goldast,*
(daz wolt ich mit golde wegen), *Paraen. s. 385)*
dâ mit ich mich möhte gefristen
5 vor sô ungefüegen zouberlisten? 241,5
kan ab ieman einen segen,
der für zouber waere guot?
wolte ein wîser mich den lêren!
ich mac nindert fuoz von ir gekêren,
10 sin verwende mir den muot. 241,10

IV Wê, wer singet nû ze tanze *R 46,3 c 112,5* 102,2
jungen wîben under bluomenkranze,
Gôzpreht, aber an dîner stat?
Walkêr, Liupsun, Hiltolf, Ruoze, 102,5
5 Wîgolt, Wildunc, Rîchper unde Tuoze,
iust gesagt an vreuden mat.
des keisers komen ist iu ein hagel.
man tuot iuch des hâres âne
neben den ôren, hinden ob dem spâne. 102,10
10 ir geuphân, ir lât den zagel.

V Ein gebot ich sanfte lîde, *R 46,4 c 112,6*
daz man Gätzemanne alumbe snîde
sîn lancreidez valwez hâr.
im und sînen tanzgesellen 102,15
5 sol man hâr und kleider alsô stellen
(nâch dem alten site gar),
als manz bî künc Karel truoc.
swelhe sich dâ wider setzen,
die sol man an lîbe und guote letzen, 102,20
10 daz sis immer haben genuoc.

VI Füeget iuch, arm unde rîche, *c 112,8* 241,11
gein dem milten fürsten Friderîche!

der wil rihten dâ des pfat,
  er und ander fürsten alle,
5 der uns vor in allen wol gevalle 241,15
  an der wirde und an der tât.
  er kan rihten und getar:
  swâ man schallen sol mit guote,
  da ist er unverzagt an miltem muote.
10 sagt, wer hôher danne er var! 241,20

VII Lât ir iu diu maere briunen: *R 46,5 c 112,9* 102,22
  er wil selbe sticken unde ziunen,
  unde aldurch der Unger lant,
  nider durch die Bulgerîe, 102,25
5 her wider ûz und durch die Rômânîe
  twinget iz sîn miltiu hant,
  er und al die Valwen sîn,
  Tiutsche und alle sîne Unger.
  wolde er dannoch wîter, daz betwunger: 102,30
10 rihte der keiser um den Rîn!

Nr. 37

I Marke, dû versinc! *C 192 c 54,1* 102,32
  dîn lant daz lît uneben.
  ich unde manec Flaeminc
  muoz hie unsanfte leben. 102,35
5 der ê dâ heime tiutschiu büechel las,
  der muoz hie rîten umbe fuotergras:
  in riuwet, daz er niht dâ heime enwas.

II Bischof, nu rûme ez hie, *C 193 c 54,2* 103,1
  daz dirz vergelte got!
  ein wîp ich heime lie,
  diu ist ein toerschiu krot.
5 die überredet vil lîhte ein ander man. 103,5
  jâ garnet siz, verhenget sin ir an,
  und riuwet mich, daz ich si ie gewan.

III Jâ ist mir mêr wan ich, *c 54,3*
  die ouch von hinnen strebent

alsô (sô dünket mich), 103,10
wan sî in sorgen lebent,
5 wiez umbe ir ieglîchs wîp dâ heime stê.
diu sorge tuot eim armen knehte wê,
daz ieman fremder an sîn bette gê.

IV Sô wol dir, Beierlant! *c 54,5* 103,22
jâ waere ich gerne in dir:
dâ hân ich wîp erkant,
der ich unsanfte enbir. 103,25
5 dêst lanc, daz ich ir keine nie gesach
(des muoz mîn herze lîden ungemach),
und deich ze mîner Matzen niht ensprach.

V Ditz ist ein ringiu vart, *C 194 c 54,4* 103,15
die wir gein Beiern tuon.
her bischof Eberhart,
nu sî ein staetiu suon,
5 sît ich der Marke den rugge hân gekêrt.
des bat ich got: nu hât er michs gewert. 103,20
daz ungemach troumt mîner Matzen vert.

Anhang

Als unecht ausgeschiedene oder zweifelhafte Strophen

1. zu Sommerliedern

Zu Nr. 7 nach V. C 271   S. 106 der ersten Ausgabe
   Si stiezen beide ein ander wol.
   diu alte sprach:
   „ditz ungemach
   nam vernt ich von dir niht vür vol;
5 nu bin ich leider kranc an mînem lîbe

   . . . .
   gaebest dû Merzen tûsent marc,
   er naem dîn niht ze wîbe.

Zu Nr. 11 nach XI. c 26,12   S. 110
   Ich wil gein Ôsterrîche
   an einer züllen swattgen hin.
   war kom mîn sin,
   daz ich sô trunkenlîche
5 driu snelliu ros vertoppelt hân?
   des muoz ich gân.
   koufet ieman setele, ich gibes im sicherlîche.

Zu Nr. 13 nach II. c 62,3   S. 111
   Ungemach
   manger schoenen linden
      von im geschach.
   über diu ôren er dem walt sîn kleider brach.
5 mengen tac
   starke in sînen banden lac
   diu heide:
   nu gruonets im ze leide.

Anhang

Zu Nr. 14 nach VII. c 21,8   S. 112
„Waz wil ich der nône?"
sô redte ein meit.
„vor allen man ein krône
mîn herze treit
5 und daz tuot von hinne unz an mîn ende.
swelh frouwe mir daz wende,
daz sag ich ir offenbâr,
daz ichs dar umbe schende."

„Waz ahte ich ûf ir schenden?"   c 21,9
sô sprach ein wîp.
„die rede sül wir enden.
wirt mir sîn lîp,
5 ich bin im holt, mîn leit ist gar verswunden
und hân mir schône gebunden;
jâ sint mir mîniu füezel sleht:
diu wâren ê zeschrunden."

Zu Nr. 15 nach V. c¹ 20,6 und c² 49,6
„Nu sage mir, liebez tohterlîn, waz sint die swaere
[dîne?   S. 114
dû lâst an dîner varwe michel ungemüete schînen."
„muoter, ich bin bewollen mit gedenken;
des muoz mîn herze und ouch mîn lîp
an freuden missewenken."

Zu Nr. 16 vor I. c 23,1ᵃ   S. 116
Ich hân ein vîol gesehen.
hey, waz mir liebes sol geschehen
von einer stolzen meide,
diu gêt mir an der hant
5 und ist Jiutel genant!
weiz got, si muoz mir werden:
ich rûmet ê diu lant.

Ebenda nach II. c 23,3ᵃ
Ir stolzen jungen sult sîn gemeit
der kleider, diu diu zît an die boume hât geleit.

der walt der stêt nu grüene:
im winter was er val.
5 dar inne ist michel schal:
dâ hin dâ sul wir reien
mit dem von Riuwental.

Ebenda nach VII. c 23,5ᵇ   S. 117
Muoterlîn, erkennt ir den man,
der uns den gimpel-gempel singen kan?
ich sihez an sînen ougen:
er ist ein wüetelgôz.
er nam mich ûf die schôz
und kust mich mêr dan hundert stunt,
daz in sîn nie verdrôz.

Zu Nr. 21 nach II. c 22,3   S. 121
Mîn herze gein der schoenen wunne reiet,
diu vogelîn sint ir sanges lûte erschreiet,
diu zîsel und diu nahtigal
singent wunniclîchen schal.
wol ûf, ir meide! ein ende hât des winters zâl.

Ebenda nach V. C 114   S. 121
Diu muoter sprach har für ûz grôzem zorne:
„frou tohter, lât die rede bestên biz morne!
ez mac tâlâ niht gesîn;
wan daz urloup daz ist mîn.
wol gelesen wât beslozzen hât mîn schrîn."

Zu Nr. 21 nach VII. 25,9—13 R 51,8 c 22,9
Diu alte diu begreif ein rocken grôzen.
si begunde ir tohter bliuwen unde stôzen.
„daz habe dir des von Riuwental.
rûch ist im sîn überval.
nû var hin, daz hiute der tievel ûz dir kal!"

Zu Nr. 22 vor I. c 25,1.   S. 122. 123
Der winter hât ein ende.
komen ist uns der meie,

der uns bluomen bringet manger leie.
ich hoer diu vogelîn singen.
5 wir suln alle springen,
sîn gemeit.
der walt ist wol geloubet,
    diu linde guldîn tolden treit.

Ebenda nach VI. R 52,7 C^b 2,1 c 25,10
  Sîner basen bruoder
    hiet sis wol erlâzen.
  er kan sich deheiner dinge mâzen;   S. 124
  er ist ein toerscher Beier.
5 er und der junge meier
  tuont ir leit.
  noch hât sî den vriunt,
    der imz die lenge niht vertreit.

  Dar umbe wil si aber   *R 52,8 c 25,6*
10   ein Engelmâr vertrîben.
  er ist ein gemzinc under jungen wîben.
  er ist ein ridewanzel,
  in dem geu vortanzel.
  sîn gewalt
15 der ist an dem reien
    under den kinden manicvalt.

  Der het ir genomen   *R 52,9 c 25,11*
    in schimphe ein tockenwiegel.
  daz hiet wir verklagt, niewan den spiegel
20 (der was von helfenbeine,
  waehe, ergraben kleine),
  den sîn hant
  ir nam gewalticlîche;
    dâ von al mîn vreude swant.

25 Ir sult mirz wol gelouben,   *R 52,10 c 25,12*
    ich sag iz niht gerne: S. 125
  diu spiegelsnuor diu kom her von Iberne.
  ez was ein waeher borte.
  niden an dem orte

30 stuonden tier
geworht von rôtem golde.
nie geschach sô leide mir.

    Daz ist Friderûne   *nach der Str.* R 52,8
      ein lange werndiu swaere   c 25,6 *in* C^b 2,3 c 25,7
35 von Engelmâre dem toerschen tanzprüevaere,
daz er ir torste lâgen.
daz klagtes al ir mâgen.
umbe den schal
solt dû dich nu hüeten,
40   Friderûn! fliuch gein Riuwental!

    Daz ich niht froelîch singe,   *nach* R 52,10
      daz wendet mir ein swaere,   *folgen* c 25,13
von der ich alsô gerne ledic waere.
dise dorfgebûwer
45 die nimt des gar untûwer:
si tragent mir haz.
ob si niht enwaeren,
    sô sunge ich für wâr fürebaz.

    Erkenbreht und Uoze   c 25,14
50 und der ungenante,
Gôzbreht, der mich ofte sanges wante,
die sint nu gar gesweiget
unde ir freude seiget
hin und her.   S. 126
55 ir schîbe, diu gienc ebene,
    diu ist gestrûchet nû entwer.

    Frou Hilde und getelinge,   c 25,15
      die sprungen an ir hende,
ir tanz der was dô âne missewende.
60 nu habent sî erworben,
daz er ist verdorben.
ir üppekeit
ich waen diu hât geprüevet
    in manec gespötte unde leit.

Anhang

Zu Nr. 23 nach V. c 28,4 f 13,4   S.127
    Man sol mich bî den hübschen kinden vinden.
    jâ wil ich reien zuo der grüenen linden:
    diu ist von loube worden breit
    (mir swindet leit):
5 dar under sul wir tanzen mit den kinden;
    dar koment Jiute und Adelheit.

Ebenda nach VII. c 28,7
    Tohterlîn, dû wilt dîn lop verliesen,   S.128
    wiltû her Kuonzen meiers sun verkiesen.
    der hât doch rinder unde swîn,
    korn unt wîn.
5 wiltû nû daz allez samt verliesen?
    des meiers sun begeret dîn.

Ebenda nach IX. C 108
    Diu muoter diu krift eine kunkel swaere.
    „nû var hin! dû bist mir gar unmaere."
    si gap ir einz, daz in dem hûse erschal;
    über al
5 gap si ir vil starke slege schiere
    und schûhte sî gein Riuwental.

Ebenda, ebenfalls nach IX. c 28,10 f 13,9
    „Tohterlîn, nu waz geschach dir nehten?   S.129
    ich hôrt dich in der louben lûte brehten
    mit einem stolzen ritter: daz ist wâr.
    bint ûf dîn hâr!
5 er hât sô vil getiselt und getaselt
    mit dir: daz ist wol offenbâr."

    „Muoterlîn, nu zürnet niht sô sêre!   c 28,11 f 13,10
    ez wirbet einer mich (des habt ir êre:
    dâ von lâzet trûren über al!)
10 gein Riuwental:
    dar wil er mich wirdiclîchen setzen;
    dâ singet wol diu nahtigal."

Zu Nr. 24 nach V. *R 57,6 C 176 c 24,2*

    Die boume   S.130
       in der werlde stânt mit wünneclîcher blüete;
des wirt vil senden herzen ir gemüete
gehoehet gein des meien zît.
5 der anger lît
bevangen.
mîn trûren deist zergangen.

    Wie schône   *R 57,7 C 180 c 24,3*
       ez gegen dem âbent und des meien morgen nâhent,
10 wie sumerlîchen sî die zît enphâhent!
si singent wol ir süezen sanc.
der winder twanc
die heide:
nu gruonet si im ze leide.

Ebenda nach III. *C 174*

    „Wart ûz,
       waz nu hiuzer megede hubbet ûf dem anger!"
sprach Jiutelîn, ein maget. „ich bîte niht langer.
nû wol har an mîne hant!
5 der winter bant
die heide:
nu gruonet si im ze leide."

Ebenda nach *C 176 (R 57,6 c 24,2) C 177*

    „Ich sorge",   S.130
       sprach ein stolziu maget, „als ich iuch bescheide.
jâ fürhte ich, daz mîn muoter mîniu kleide
beslieze gegen den liehten tagen.
5 daz muoz ich klagen.
ir huote
diunkumt ir niht ze guote."

Zu Nr. 25 vor I *c 70,1*

    Nu schouwet an den walt, wier aber loubet!   S.131
mägde, ir habt gewisse ûf mînem houbet,
die sumerzît,
diu uns allen freuden gît,

5 kumt hôchgemüete
mit manger blüete!

Ebenda nach I.
    Froelîch sulen wir nu alle reien.   *c 70,3*
trûric herzen hiwer gein disem meien
getroestet sint.
wol her zuo, ir stolzen kint,
5 helfet schallen
disen sumer allen!

    Nû seht an die wisen, wie si touwet!   *c 70,4*
swer nu gerne sumerbluomen schouwet,
der kume bereit
10 ûf die grüenen heide breit!
unverdrungen
sint si (dâ) entsprungen.

Zu Nr. 26 nach I c 59,2
    Gegen der wandelunge   *S. 132*
der swaeren zît,
ir stolzen meide junge,
mit freuden sît!
5 daz ist mîn rât.
schouwet, wie gezieret hât
der meie wol mit rôsen nû die heide,
den kinden z'ougenweide!

Ebenda III umgearbeitet in C von Scharpfenberg 8
    Zwô gespilen maere
begunden sêre klagen,
herzesende swaere
beide ein ander sagen.
5 diu ein zer andern sprach:
„grôz leit und ungemach
benimet mir die sinne.
hien ist niht fröiden inne,
sît ich mîns liebes niht ensach."

Ebenda VI ersetzt durch A Sperv. 38 C Alram 9

    Sen dich in der mâze   S.133
(dâst alsô guot),
langez trûren lâze,
wis wol gemuot,
5 nien verzage!
sage mir, wer dir liebe trage!
wir zwô wir sîn mit triuwen ungescheiden:
wol gelinge uns beiden!

Zu Nr. 27 I: s. dagegen c 38,15

    Her Nîthart, iuwer keiser ist ze lange: S.134
den bringet ir uns alliu jâr mit iuwerm niuwen sange.
des waere ouch den bûren nôt:
die sint vil nâhen hungers tôt
und dünnent in diu wange.

Ebenda nach VIII sechs Strophen in c

    Engelmâr der kan die besten vinden.   *c 38,9*   S.135
er sol ez allen kiuschen frouwen sagen und den kinden,
die ze disen freuden sîn bereit,   S.136
daz si nemen ir bestiu kleit
5 und komen zuo der linden.

    Gundewîn, sag allen hübschen meiden,   *c 38,10*
daz si komen ouch dâ hin in iren besten kleiden.
des muost dû immer haben frun.
ez kumet Hildewartes sun
10 mit sînen gsellen beiden.

    „Nu wê mir", sprach ein altiu, „mîner swaere! *c 38,11*
ich hân ein kint dâ heime, daz ist rehte minnebaere,
wan daz ich niht kleider hân.
und sol ez mir hie heime bestân,
15 daz ist ein hertez maere."

    Diu junge sprach: „wes trûret ir sô sêre?   *c 38,12*
hân ich niht guotiu kleider an, sô hân ich doch mîn êre.
mangiu tregt vil liehtiu kleit
und ist der êre ein valschiu meit:
20 diu hât ze klagen mêre."

Diu alte sprach: „wes hâstû sî ze rüegen?   *c 38,13*
si nimt ir einen, der ir mac getiuren und gefüegen;
si nimt ir einen hübschen knaben
oder den si mac gehaben.
25 dar an lât sî sich gnüegen."

Diu junge sprach: „ich hân ir niht genennet: *c 38,14*
von mînen schulden ist si wol noch allez unerkennet.
langiu bîte vlôs nie wert:
ich bîte hiuwer rehte als vert,
30 und würde sî verbrennet."

2. zu Winterliedern

Zu Nr. 1 nach IV
    Lanze der hât noch die frünt,   *d 4,5   z 28,4* S. 139
die in niht enlâzen,
swie gar er sî ein kint.
drî hân ich iu schiere gekünt,
5 die im ûf der strâzen
bîgestendic sint:
Îsenbolt und Îsenhart
und der junge Vrîte.
Rüele der wart nie sô zart,
10 er waer an dem strîte
ze verhe wol bewart.

    So lâz wirs vehten umb den lîp   *z 28,5*
und gê wir zuo dem tanze:
dâ spring wir schöne enbor.
15 nu wol ûf, meide und jungiu wîp,
Afrâ, Englîn, Franze
diu wil uns singen vor.
Metze beit. . . . .
und kumet Adelheite
20 und über . . . . Engellint
und Irmengart gemeite,
daz sint gar schoeniu kint.

Zu Nr. 6 nach V R 42,6 c 79,6

 Her Nîthart, daz iu sante Zêne lône,   S. 149
schündet niht
daz man roufe mînen hûsgenôz!
zieht iuch selbe und vart ein wênic schône!
5 wande er giht,
im wil helfen Eppe und Megengôz.
den selben tac,
sô irn ane loufet
und in bî sînem reiden hâre roufet,
10 man sleht iuch durch den nac.

Zu Nr. 8 nach V c 82,6

 Ich begreifs aleine ûf einer dille: S. 153
daz was mînes herzen ger.
aldâ warf ichs under mich und trat ir ûfz gewant.
dennoch lac der vüdestecke stille.
5 wir rukten hin, wir rukten her.
er wart ir ûzer mâzen liep: si nam in in ir hant.
einer freude sî aldâ geluste;
sî sprach: „daz er saelic sî!
herzenlieber buole, ich wil dir wesen bî."
10 vor liebe sî mich in daz ouge kuste.

Zu Nr. 10 nach VI   R 16,7 C^b 1,11 c 98,6

 Die wîl ich die klingen   S. 158
um mîne sîten trage,
sô darf mir durch mîn sumber
niemen stechen nieht.
5 er muoz vil wîte springen:
begrîfe ichn mit dem slage,
ich slahe in, daz er tumber
schouwet nimmer lieht.
ich hilf im des lîbes in den aschen
10 und slah im mit willen eine vlaschen,
daz im die hunt daz hirne ab der erde müezen naschen.

 Her Nîthart hât gesungen,   C^b 1,12 c 98,8
daz ich in hazzen wil
durch mînes neven willen,

15 des neven er beschalt.
lieze ers unbetwungen!
es ist im gar ze vil.
enpflaege er sîner grillen
und het ouch der gewalt!
20 ez ist ein schelten, daz mich freuden letzet.
wirt diu weibelruote mir gewetzet,
ich trenne in ûf, daz man wol einen sezzel in in setzet.

Zu Nr. 11 nach IV

„Nu hân ich snoeden schimpf gerochen,   *d 12,5* S. 159
erküelet mîn gemüete   *der Schluß*
an mînem vînt von Riuwental", sprach   *auch in c 86,3*
jener Ellengôz.
„ich hân im stadel unde korn gemachet zeiner glüete:
des muoz er disen winter sîn der liute hûsgenôz.
5 sô wê sîn,
daz er ie gesanc ûf mich, daz ich waer ragehüffe!
ein wazzer heizt der Rîn: S. 160
waz, ob ich mich al dâ hin verlüffe?
ich tet im doch ze Riuwental vil liehten funken schîn."

Ebenda nach VII   *d 12,7* S. 161

Ich weiz der getelinge noch in einem umbekreize:
der sint mêr dan viere, die mich hânt gezündet an;
daz ist Urliuge und Übelweter: wie der drite heize?
Eppe und Geppe und Berewîc und jener Berehtram,
5 Adelfrit,
dar zuo nenne ich iu her Enzeman den jungen.
nâch ir altem sit
hânt si mich von fröuden gar verdrungen.
si varnt mir üppiclîches muotes zallen zîten mit.

d 12,8
10 Der Berewîges hiubelhuot der ist von ringen veste,
daz in dâ durch mit swerten wol nieman gewinnen kan;
wan Uodelgêr der bringet uns ze tanze frömde geste:
die zerhouwent in sô gar, daz man'n in einer blân
danne treit,

15 swier et um daz houbet sî mit swerten ungewunnen;
des gastes klinge sneit:
zuo der sîten hât er in engunnen;
des kund im gehelfen niht sîn hôhez gollier breit.

Zu Nr. 14 nach I c 117,2

  Doch sô klagt ich den sumer niht sô sêre,   S.164
und solte ich in der stuben sîn,
dâ die jungen tretent wol ze prîse
den niuwen sanc,
5 den uns hât gepruevet der, der uns wol freuden gan.
dâ waere ich gerne, und lieze mich diu hêre.
ich und der geselle mîn,
koem wir dar geslichen alsô lîse,
des sagte uns danc
10 Else, diust ein schoenez wîp. wie wol si schimpfen kan!
ich bin ir holt und daz ist âne lougen
(ich meine alsô,
in mînem herzen tougen),
daz ich vor aller werlt der wirdikeite bin sô frô.

Ebenda nach II

  Die selben niune die sint übermüete, c 117,6 S.165
daz nieman in gelîchen mac,
unde pflegent doch niht guoter witze.
die selben man
5 habent ez verpfant, si wellen nû die wirsten sîn.
ich sach hiuwer, dazs ir hiubelhüete
den ganzen sumerlangen tac
truogen in der grôzen swebelhitze,
ir troien an,
10 dicker denne ein hant und beidenthalben ketenîn.
alsô sprungen sî den krumben reien
ze strîte aldâ.
vil schier huop sich ein zweien,
daz ob ir etelîchem wart geschriren jarâ jâ.

15 Engeldîch der gienc bî Engelmuote   c 117,7
und Adelfrit bî Adelheit.

Anhang 147

Willebreht gienc bî der schoenen Willen
und Enzeman
dem jungen dem wart Enzeliep an sîner hant bekant.
20 Berewîn mit sînem grüenen huote
bî dem gienc Berht: diu was gemeit.
Sigelint tet Sigelôches willen,
daz sî wol kan:
si gienc bî im und Eggeburc an Eggerîches hant.
25 Engelram der gienc bî Engellinde,
als er ie gert.
bî einem schoenen kinde
ze tanzen was Fritliep mit Friderûnen wol gewert.

Ebenda nach VI.

R7,7 B6 c117,9 z23,6
„Loufet, helfet scheiden, lieber ätte! S.167
si viustent in der stuben swert.
daz hât aber Enzeman gemachet.
der wil des niht,
5 daz Degen oder Uoze iht bî Elsemuote gê.
....
....
....
....
10 ....
gâhet balde, ê sim daz hüetel zerren,
komt schiere dar!
si slahent im eine vlerren
durch wange und durch die zende; seht, wie griulîch im
[daz var!"

B7 c117,10 z23,7
15 „Ich hân niuwemaere nû befunden", S.168
sô sprach ein dörpel, der hiez Ber.
„Amelolt, dar zuo bedarf ich râtes,
und Gezeman.
merke ez, veter Engeldîch und Frideliep, mîn mâc!
20 seht ir niht dis unverdahten wunden,
die gânt durch mînen rüezel her?

jâ, mügt ir iuch schamen des unflâtes.
nu râtet an:
ich wil noch hiute in îsen houwen sam in einen wâc.
25 ich weiz sitzen vil an einer zeche
bî Zeizenmûr.
helft mir, daz ichz reche
an im, der mich verschrôten hât! sîn tôt wirt von mir
[sûr.

Amelolt sprach vil vermezzenlîchen: *B 8 c 117,11*
30 „wer sint die trincgesellen sîn?
dâ von solt dû mir den wirsten nennen:
des bite ich dich."
„entriuwen, sich", sprach Eggerîch, „den wil ich dir
jâ gesach ich keiser nie sô rîchen,   [bestân.
35 der dâ waer ûf daz laster dîn,
daz ich in mit nihte möhte erkennen.
wa ist Friderich,
mîner swester sun? der hebt noch hiuwer êrsten an.
der sol hiute houwen durchz gedrenge.
40 sô daz geschiht,
dar nâch sô wirt unlenge,
unz daz man milze, magen, lungen, lebere vallen siht."
S. 169

„Neve Ber, nu vröwe dich dîner mâge",   *B 9 c 117,12*
sprach Eggerîch, „die sint sô frech,
45 daz sich nieman kan zuo in genôzen.
nu wizzest daz,
ich bin ir einer, der noch hiut dîn laster rechen wil.
würde er mir gezeiget dâ ze Prâge,
ich slüege in durch diu îsenblech.
50 jâ gesach ich keinen nie sô grôzen,
ûf den mîn haz
ie geriet, er müeste von mir dulden sûriu spil.
Amelolt, lâz uns niht underdringen!
ist ir ein her,
55 sô si hoerent klingen   [wer."
mîn swert — daz kennents alle wol — sô sints eht âne

Anhang

B 10 c 117,13

Dar nâch huop sich schiere ein grôz gedrenge
von den vil oeden gouchen dâ.
mit den swerten sî zesamen sprungen
60 sô zornes rîch,
daz ich ez mit mînen ougen niender torste an sehen.
die wîten gazzen wurden mir vil enge;
ich waere gewesen anderswâ
gerner, danne ich sach die toerschen jungen:
65 sô vîentlîch
vâhten sî: des muoz ich in von wâren schulden jehen.
Sigelôch und Adelfrit der freche
die liten nôt,
Gôze von dem Leche,
70 Amelolt und Eggerîch die fünve lâgen tôt.

Dô ich sach, daz sî sô sêre stritten, *c 117,14* S. 170
ich huop mich bald hin ûf ein fluht.
wizzet, daz ich mich dâ mit niht sûmte!
ich was vil snel;
75 wan ich vorhte des, mir würde der umbesniten dâ.
ich weiz wol, und het ich daz vermitten,
ez waer mir komen z'ungesuht.
vor ir slegen ich den anger rûmte:
die wâren hel,
80 daz ich sterker nie erhôrte hie noch anderswâ.
swertes slege und ouch der helmbarten
die wâren lût.
frou Süezel darf niht warten:
ez ist ouch Gumpe dâ erslagen, ir herzeliebez trût.

85 Dô muost ich mit flühten von in gâhen, *c 117,15*
dô die getelinge geil
huoben ûf den schal und ir gestôzen
und sî ir swert
zukten von ir scheiden, Pêter, Liutolt, Amelrîch.
90 jâ vorhte ich des, und koeme ich in ze nâhen,
daz würde lîhte mîn unheil.
über al begunden sî gebôzen,

der helfe begert.
sî gebârten alle wilden lewen wol gelîch.
95 der wîbe ruofe muoste ich danne entwîchen;
diu schriren lût:
si zigen Amelrîchen,
er het frou Süezen erslagen Gumpen, ir vil liebez trût.

Seht, dô vâhtens alsô winneclîche! S.171
100 dô huop sich ûf die gazzen breit
ieder man mit sîner niuwen treien
und îsenblech,
dar zuo hôhiu gollier diu si tragent umb die kragen.
Engeldîch der sprach ze Amelrîche:
105 „ir helfet rechen mîniu leit!"
daz geschach alz hiwer umb einen meien.
si wârn sô frech,
daz vor meier Friderîch ir zwêne wurden erslagen
und drîzic wunde, dô si den ab hiuwen:
110 aldurch ir haz
in schedel unde in kiuwen
enpfiengens tiefe scharten, einr des andern niht vergaz.

Alle, die mit wunden dâ gelâgen c 117,17
und Gumpe, der dô wart erslagen,
115 der wirt ze rehte niemen mêr volrochen.
daz herzenleit,
daz uns Friderûn von einem dörper dô beschach
(der urteil dürft ir mich niht mêre frâgen),
daz wolte ich allez wol verklagen,
120 niwan aleine daz dô wart zebrochen
ir spiegel breit,
dô er mit sînem kolben ir daz schoene glas durchstach.
in hiubelhüete enpfiengens wîte scharten.
ich wilz iu sagen,
125 spieze, swert, helmbarten,
dâ mite wart der dörper ein vil michel teil erslagen.

Alrêrste begundens nâch der hilfe ruofen. c 117,18
sich huop ze beiden sîten dar
ieder man mit sînem wambas niuwen

130 und kolben grôz,
helmbarten, flegele, spieze und mistkröuwel lanc.
die getelinge samten sich ze Stuofen:
er lief ze vorderst an der schar
(jâ waen ich in wol ein îsen kiuwen)
135 und Adelgôz S.172
der sluoc fletzewîte scharten âne ir aller danc.
si begunden fliehen hin: wie wît si sprungen
übr einen bach!
ir hirenschaln erklungen.
140 der daz lengste swert dô truoc, ze vorderst man in sach.

Dô wolt ich niht langer dâ belîben; c 117,19
ich huop mich ab der gazzen dan,
dô sî zem dritten mâl zesamen sprungen.
ich vorhte des,
145 daz mir der umbesniten dennoch würde dâ mîn teil.
ich gedâht, wie lanc siz wolten trîben,
Berewîn und Enzeman.
tiuvellîchen sâhen dô die jungen.
ich weiz niht, wes
150 si mit ein ander gunden. daz was dô mîn bestez heil.
zehant begunde ouch mir mîn freude leiden.
ich wilz iu sagen;
dô wolt ouch ichs niht scheiden:
mir waer niht leit, ob halt die dörper würden alle er-
[slagen.

Zu Nr. 18 nach V.

Einer koufte ein swert bî einem pfunde, c 84,6 S.175
daz er sô schoenez nie ze sînen zîten sach.
dô satzt er ze bürgen sîner lieben swiger kint.
jâ waen ich nie gouch sô toerschen vunde,
5 der mengem garten tuo sô grôzen ungemach.
swaz er gawûzstûden vant, die schriet er als den wint.
lûte er schrei:
„waere daz mîn vînt, ein starker man,
lunge und leber slüege ich al enzwei,
10 solte ich in mit disem swert bestân."

Zu Nr. 17 nach III.

  Einer der ist kal: *C* 97 *c* 97,4 *z* 24,4 S. 177
der giht ze Riuwental,
daz er tanzen mir erwer
mit al den friunden sîn:
5 daz ist Erkenfrit
und Engelmâr der smit
und der pfister Wernher;
daz vierde ist Sigewîn
und ist der geilen getelinge ein vil michel trünne.
10 si entwîchent von ein ander niht: ir ist vil gar ein künne.
den allen müeze alsô geschehen, als ich in heiles günne.

Ebenda nach V.

  Der von Riuwental   *R* 32,6 *c* 97,7 *z* 24,6 S. 180
brŭevet túmplîchen schál;
úngenaédèger drṓ
der trîbet er ze vil.
5 sammir Durinchart,
ín geríuwèt diu várt!
wíderdróut èr mir sṓ,
daz er bestrîchen wil
mir die stelzen, sô muoz er sich zorendücke nieten.
10 der keiser Otte kunde nie den widerslac verbieten.
ich versuochte ez, koeme er her, ob in diu swert iht
            [schrieten.

  Jener Berehtram   *c* 97,8 S. 181
mir mînen kaese nam,
dar an manger sich versneit,
die ich iu nennen wil:
5 Gôzbreht unde Lanz,
der toersche meier Ranz,
Sigeher und Adelscheit,
Sîfrit und Wackerzil,
die versniten beide sich an mir und mînem kaese.
10 ie nâch dem snite ich waene ir etelîcher sich verdraese.
ich habez dâ für, daz âne melm ich kûme dô genaese.

Anhang

Wie sol ich dem tuon? *c 97,9*
mir sluoc Volrât mîn huon,
daz ich und mîn liebez wîp
15 den winter kûme ernert.
daz was ein henne guot
und gienc staet unbehuot,
dâ von sie verlôs den lîp.
swaz er dâ für geswert,
20 daz gloube ich niht, mir seit man danne, daz ez alsô waere.
jâ legt sie grôzer eier vil und was von veizte swaere.
wirt sie mir niht vergolten, sô klag ichz dem Rinzingaere.

Daz selbe widerbot *c 97,10*
muoz noch erbarmen got,
25 daz er mir mîn hennen sluoc.
ir schulde was niht grôz;
sie wart nie beklagt
noch vor reht übersagt.
was im des dô niht genuoc,
30 daz sie mîn niht genôz?
sluoc er mir mîn hennen, sô wil ich sîn swester stechen.
wie möhte ich mînen schaden iemer baz an im gerechen?
dar umbe darf mir nieman ... an mîn êre sprechen.

Zu Nr. 19 nach V.
Owê senen unde klage, *c 105,5* S. 182
waz ir freuden krenket!
in iuwern ungenâden bin ich lange her gewesen.
mîner besten freuden tage
5 habent mir gewenket
und eines wîbes trôst: wie künde ich freudenlôs S. 183
ich verzage, [genesen?
daz mîn klage
niht ir herze entsliuzet
10 und daz er in rûnewarten bölzel zuo ir schiuzet,
sich güffent, unz ich sî ze jungest ûz ir dienste jage.

Zu Nr. 20 nach III.
Her Nîthart, senftet iuwern zorn, *c 111,5 d 11,5* S. 184
sît daz ist alsô ergân,

daz sîn hant niht verrer kam wan ûf den vüdenol!
iuwer êre waere verlorn,
5 hete er sich sîn rehte verstân,
daz sîn vinger waere gesnellet, dâ man schimpfen sol.
iuwer herzeleit
sul wir iu ze guote bescheiden.
iuwer schande und iuwer laster waere worden breit,
10 waer diu hant volvarn, als ers doch het erdâht, er
[wilder heiden.
jâ was sîn zît, daz sî die fûst sô hôhe ûf gein im reit.

Eyâ, wie was er ie sô balt, *c 111,6*
daz ers torste muoten an,
daz er der minneclîchen an ir kunderlîn gegreif?
15 nimmer müeze er werden alt,
daz er alsô schimpfen kan!
dar umbe sî ein wit des sînen houptes stegereif!
wan ich nie gesach
schimpfen alsô gar ungeren,
20 daz er der siuberlîchen kleit ir ûfem hüffel brach.
dône mohte er sînes ungenaemen schimpfes niht enberen,
wan mir an der minniclîchen nie sô leide geschach.

Zu Nr. 22 nach I.
Meide ûf einer heide *c 10,2* S. 187
hiwer an einem vîretage
suochten under in ein krût:
batonje sô ist ez genant und grabent altiu wîp.
5 Eppen der wart leide
mit vil ungefüeger klage:
sî sach wol, si vlür ir trût.
Guote sprach: „ich sihe daz wol, ez gêt im an den lîp."
Irmel sprach: „owê mir, wê!
10 wer ist denne schuldic dran?"
Engelburc sprach: „ich weiz niemen mê,
ez tuo danne mîn her Enzeman."

Hiuwer bî der linden *c 10,3*
sach man kurzewîle vil,

15 mangen wunniclîchen swanz.
dâ kam hin durch tanzen junger liute ein michel teil.
schône begunde ir binden
Elsemuot und ir gespil.
ietwederiu truoc ein rôsenkranz S. 188
20 unde doch niht lange von der getelinge geil.
die begunden hübschlîch gern,
welhem würd daz krenzelîn:
der schapel muosten sî si dô gewern.
aller kluogest dûht sich Berewîn

25 Und der ungenante: c 10,4
keiner dûhte sich sô frech.
daz kumt von der gogelheit,
daz ich in in zweinzic jâren niht genennen sol.
heiles ich genante,
30 swenn er würd kapfen als ein rêch.
ez wirt etelîchem leit,
die mir schaden prüevent: jâ kenn ich si alle wol,
die mir füegent ungemach,
sô der tanz alumbe gât.
35 wizzt ir niht, wie Engelmâre geschach,
der mich nû sîns pfnuhtens gar erlât?

Ir etelîchem mêre c 10,5
mac daz (selbe leit) beschehen,
daz ouch Engelmâre beschach,
40 der uns Friderûne gewalticlîche den spiegel nam.
der müete uns ie vil sêre:
des muoz ich von schulden jehen.
alsô lûte schrei er ach,
dô im Berewîn truoc nît und was von schulden gram.
45 Otte wart vil sêre wunt:
daz het Berewîn im getân.
ist iu Engelmâres leit iht kunt?
der muoz nû ûf einer stelzen gân.

Daz ist ein ringiu buoze: c 10,6
50 zwâr daz sul wir wol verklagen;

er tet uns ie diu groesten leit.
er wânte, ez lebe in aller werlte nindert sîn genôz.
jâ hât er mit dem fuoze,
der im dô wart ab geslagen,
55 vergolten niht den spiegel breit,
als er ze rehte solte [*ich vorht' sîn schade waer noch grôz*]
wan er ist vil ungelîch S. 189
dem, daz er den spiegel brach.
Hildebolt und mîn her Amelrîch
60 Friderûn an Engelmâren rach.

Ebenda nach IV. *c 9,6*
Er hât mich verdrungen
von der guoten mit gewalt
niuwan um sîn üppikeit.
jâ geruowe ich nimmer, ichn erzeige im mînen haz.
5 swaz ich hân gesungen,
deist gerüefet in den walt.
wê verlorner arebeit! S. 190
mîn freude mir begunde sîgen, dô er bî ir saz.
bî dem stûchen rukte er sie
10 zuo im nider âne ir danc,
daz ir wart ein bruch an einem knie:
mit solhem dieneste er mich von ir dranc.

Zu Nr. 24 nach V. *c 80,6*
Gerne west ich, wie es die torpper vnter einander
[trachten. S. 198
sie trugen pekkelhauben, darczu lange swert.
ir spottigkait, ir laster sie (do) gar zu laster brachten:
des wurdens durch die goller mer denn halb gewert.
5 sie stritten mit einander einen ganczen summerlangen
[tag.
das ir geläsze sahe herre Neithart, do er in dem vas
[bey dem wein lag.

Ebenda nach VI. *c 80,8 d 16,7 s 7*
Dô kam schiere ein getelinc geloufen von dem S. 199
[strîte;
den frâgt ich der maere. „Willeher mit ellen streit.

Anhang

Hildeboltes schapperûn der ist zerzerret wîte
und dar zuo sîn enger roc wol drîer spannen breit."
5 daz geschach umb eine wurzen, die man ûz der hende
[ir brach.
des engalt vil mangiu spaehiu hûbe, die man bî dem
[tanze zerzerret ligen sach.

Ebenda nach IX. *c 80,15 s 11*

Her Nîthart hât uns hie verlâzen als diu krâ den S. 198
diu dâ hinne fliuget unde sitzet ûf ein sât. [stecken,
ez sol ein man mit fremden frouwen niht ze vil gezecken,
der der wâren schulde an sîner keine vunden hât.
5 er niez sîn tegelîche spîse (der hât er dâ heime genuoc),
lâz Hildebolten mit gemache! ez was ein eichel, die er
[bî im in dem biutel truoc.

Ebenda nach X. *c 80,10*

Er gap versengelt wol, rehte als im waer an ge- S. 200
ein blâse, alsô man den wilden hunden tuot. [bunden
ofte brach er sînen zelt, als sî doch wol befunden,
Hatze und Pletze und jeniu ir gespile Hademuot.
5 frâget Engeltrûten, wiez laeg umbe ir bruoder
Fridebreht!
„ach ach, er hât verrenket sich vòr vorhte", alsô hât
si mir geseit, „der toersche kneht."

c 80,11
Sach ab ieman jenen mit der gickelvêhen täcken?
die tregt er ûf der hende und klopfet ûf sîn niuwez swert:
dâ mite er uns des nahtes ab der gazzen wil erschrecken.
10 derselbe dünket sich noch mêr dan drîer bônen wert, S. 201
als er danne gerûzet unde gedraeset, der vil übele man,
und im sîn täcke ringeleht erklinget dem gelîche, als er
[trage ein goller an.

Zu Nr. 27 nach VII.

Sîner snüere strangen *c 92,8* S. 208
tengelnt an den orten:
dâ hanget wunder pfeffers an,
muscât, negele, pfâwenspiegel: dêst der dörper glanz.

5 er wil überdrangen S.209
  ein meit mit süezen worten,
  des im doch niht gehelfen kan
  sîn üppiclîch gewant und dar zuo sîn vil waeher swanz.
  ein vil guotez lînîn tuoch,
10 sehzehn elen kleine,
  hât sîn hemde und ouch sîn bruoch:
  der site ist ungemeine.

    Her Nîthart, mugt irz lâzen? O4 c 92,9
  iu mac misselingen.
15 nû habt ez ûf die triuwe mîn,
  und mag ich, ez muoz iu bî dem tanze werden leit!
  welt ir ûf der strâzen
  vil mit uns gedringen,
  swie breit ab iuwer multer sî,
20 dâ gelpfe schînet under iuwer ringelehte pfeit,
  und sult ir sîn der tiuvel gar
  mit iuwerm glitzeden huote,
  ich mache in nâch bluote var
  mit mînem swerte guote.

25 „Nu dar, ziere gesellen, O5 c 92,10
  stât mir algelîche,
  helfet, daz wir in bestân,
  der uns bî dem tanze mit gemache niht enlât!
  ich trûwe in wol ervellen",
30 sô sprach Amelrîche; S.210
  „die hant die muoz er mir hie lân,
  dâ der spreckelehte vogel oben ûfe stât,
  und dar zuo den zeswen fuoz,
  dar an der spore klinget.
35 jâ geschaffe ich mir sîn buoz,
  daz er von uns niht singet."

Zu Nr. 28 nach VI.
    Ich bitte iuch, mîn her kuster, c 88,6 S.211
  und welt ir, daz ich diene gote

mit mînem paternuster,
schaffet mit den frowen, dazs an die porten niht engân
5 mit hendeln alsô kluogen,
mit ir schuohen spitzenlîch:
  die muoz ich an luogen.
sô gedenke ich, waz ich lange dar gedienet hân:
die kutten muoz ich lân.
10 wellen sî her în geslîchen,
von ir schoene sô muoz mir der paternuster wîchen.
welt ir, daz ich ze himel var, sô heizet sî dâ vor bestân!"

Zu Nr. 29 nach IV (bzw. III).   *C 129* *c 113,5*
  In kan allen liuten nû ze tanze niht gesingen   S. 214
als wîlent, dô der guote wille mich ze sange jagt.
wie sol ich ze fröiden manic trûric herze bringen,
diu vor manegen jâren gar an fröiden sint verzagt?
5 dâ man ê der fröiden pflac,
dâ ist niht wan trûren.
des gît maneger vollen sac
sînen nâchgebûren.

            C 121 *c 113,6*
  Doch kan ich vergezzen niht der tumben dorf-   S. 215
10 die hânt mir an Friderûnen leides vil getân. [knappen.
seht, der weiz ich einen, der tregt an im eine kappen:
der wil sîner gogelwîse mich durch niht erlân.
er ist geheizen Ungenant
und dünket sich sô raeze.
15 er springet an froun Geppen hant:
hey, waz er îsens aeze!

            C 123
  Ich wând iemer fride hân, seht, vor dem ungenanden,
der mich dâ von Riuwental sô gar verdrungen hât.
nû welnt mich die mâge sîn vertrîben von dien landen,
20 Uoge und jener, der dâ vor an einem tanze gât
(derst geheizen Werenbolt),
Ranzen Orgerûne;
seht, sô wirde ich niemer holt
einem, heizet Brûne.

Ebenda nach IX. *C 130 c 113,11*

Die Hildemârs gelöschten schuoh die sint von S.216
[rôtem ledere:
dâ sint tschappel an genât mit bilden für diu knie.
diu schouwet er und strîchet sîniu kleider, daz ein vedere
niht an im belîbet. seht, der ist noch einer hie:
5 der schouwet ofte sîn gewant
und strîchetz nâch den sîten
beidenthalben mit der hant,
daz im die röcke iht wîten.

C 131 c 113,12

Ê daz er den tanz ân einen kluogen gürtel waere,
10 ê liez er sich mit gewalte von dem lande jagen. S.217
den treit er vil hôhe alsam ein stolzer Mîssenaere.
daz wil ich mit sange nû den hoveliuten klagen.
einez daz muoz im geschehen,
seht, des wil ich wetten,
15 swâ si in bî dem pfluoge sehen,
daz si in gar enpfetten.

c 113,13

Der von Riuwental der spottet mîner vogelîne,
diu mir ûf mîn houben nâten minneclîchiu wîp.
trîbt erz mit sîm sange, daz ez hillet bî dem Rîne,
ich bring in in schande, sam mir Hildemâres lîp!
5 kumt er in die Zelle her
zuo der Persenicken,
Hildemâr und Irenber
wellent in bestricken.

c 113,14

Wê, waz wil her Nîthart mîner gickelvêhen houben?
10 die möht er mich wol mit sînen hulden lâzen tragen.
wil er sich des selben spottes gein uns niht gelouben,
wir entrihten im den sînen elenlangen kragen.
sît er niht erwinden mac
an uns mit sîm sange,
15 wir zerütten im den nac,
wil erz trîben lange.

Zu Nr. 30 nach IX.

Der in mîner frouwen haerîn vingerlîn c90,10 S.219
sînen vinger want, der kunde nimmer leider mir getuon,
sam die mich von Riuwental sô gar verdrungen hânt,
Gumpe und Eppe: liezen sî mich heime sîn,
5 sô enwil der ungenante. der wil haben hôhen ruon,
daz sîn name sî den liuten fremde und unerkant.
kûme mac ich imz vertragen; S.220
er ist geheizen Grülle
und treit um sînen oeden kragen
10 ein wambas niuwetülle.

Nû wil ich den oeden gouchen urloup geben, O21 c90,11
daz si in ir niuwen troyen hiuwer sprenzen alsô vert,
unde enwil niht mêre singen von ihr gogelheit.
jâ wil ich mich rihten in ein ander leben;
15 heiz ot weten, umbegürten (sî) ir langiu gazzenswert:
den sint ir vezzel vollenclîchen mêr wan spannen breit.
daz sî erloubet über al,
durch daz si mir niht vluochen.
sin dürfen mich ze Riuwental
20 dâ heime niht mêr suochen.

Vier und hundert wîse, diech gesungen hân c90,12
von niuwen, die der werlte noch niht vollekomen sint,
unde ein tagewîse: niht mêr mînes sanges ist.
swaz ich dar an üppiclîchen hân getân,
25 daz machte wan diu Werlt und ir vil tumberaezen kint.
daz geruoche mir vergeben, herre Jêsus Krist!
sît ich dîner hulde ger,
sô lâz mich hie gebüezen
durch willen dîner marter hêr!
30 des bitte ich dich vil süezen.

Zu Nr. 32 nach V noch 6 Strophen.

Ich sach ze tanze gân c101,9 S.227
mangen hiuzen getelinc
vor einer meide, diu was wert.
dô huop sich ein strît von einer blâsen, hôrte ich wol.

5 si kâmen ûf den plân:
zehant dô machtens einen rinc.
dô missekêrten sî diu swert,
einer hin, der ander her, als ich iu sagen sol.
der junge Ranz
10 durch den tanz
gienc vermezzenlîche.
Kotzel hiez der spileman; dem ruofte er dar:
„ir strîchet ûf die rehten hovestrîche!"
er sluoc die blâsen durch den rinc, daz sî vil lûte erkar.

15 Lât iu bescheiden baz, *c 101,10*
wie der tanz ein ende nam,
und wie diu blâse wart zeslagen.
si begunden alle nâch den swerten grîfen hinder sich
umbe den selben haz.
20 vil schiere kam ein vrideman:
der het ein riutel ê getragen;
er sprach: „swer den strît erhebt, der missemachet mich.
schiere kam
Engelram
25 mit ûf erbürtem swerte:
„nu strîchet ûf bald einen rehten hovetanz!
sich hebt hie strît, des ie mîn herze gerte.
hie wirt entrennet, daz dâ heime waere beliben ganz."

Der schare wâren zwô. *c 101,11*
30 ir iegelîcher sînen friunt. S. 228
bat, daz er im gestüende bî.
dô wart vil manic scheide laer, diu ê vol îsens was:
seht, des wart ich frô!
dô liefen durch des meiers biunt
35 hiuzer getelinge drî:
die stuonden ze vrôntagewan und wolten jeten gras.
Übelher
kom ze wer
mit sînem kipfelîsen;
40 er sprach: „swes ir welt, des spil ich iu nu mite.

man muoz mich hiute gegen zwelven prîsen."
zehant verkêrte er sînen ganc nâch spaehem hovesite.
Dô sprach Enzeman: *c 101,12*
„war umbe geviel iu niht der tanz?
45 nu was ez doch ein niuwer trei:
in het iuwers vaters wîp mit êren wol getreten."
ein ander liefens an,
Übelher und ouch der Ranz.
zâhî, wie lût frou Metze schrei:
50 „wâ sint nû die wîsen alle, daz siz undertreten?"
durch den bac
wart ein slac
dem küenen Übelheren,
daz man sîner zende siben vallen sach,
55 swier sich niuwan zwelver wolte weren.
des hât einhalp sînes mundes wênic nüzze gemach.

Dô kom des dorfes schar *c 101,13*
mit vil manger fremden wer,
mit zuberstangen, spiez und gabel,
60 zieter ûz dem pfluoge und leitern von der stubenwant.
dô sach Engelmâr,
daz sîn veter Übelher
was sêre gegrüezet durch den snabel; [zant?
er sprach: „wer hât dir den schorpf verhowen ûf den
65 zwâre, ich sol S.229
gelten wol
dise grôze smaehe."
er gienc limmende als ein wildez eberswîn:
„Wa ist er nû? daz ich in nür ersaehe! [sîn."
70 ich trûwe es mînem swerte, ez schrôte die hirngupfen

Vil schiere kom gegân *c 101,14*
der wîse meier Mangolt.
er truoc vor im ein halbe tür
unde ein misekar het er geriemet vaste an sich;
75 er sprach: „ir sult ez lân,
Engelmâr und Willebolt."
dicke bôt den schirm er für;

er sprach: „swer nu sleht, dem gibe ich einen mezzer-
seht, der schiet [stich."
80 toersche diet,
daz si niht mêr sluogen!
ez waer anders dâ ein schedelîn getân.
doch sach ich zwên, die sî von dannen truogen;
die muosten zehen wochen doch ir sprenzelieren lân.

Zu Nr. 33 nach V.

  Berhtram unde Gôze   *c*83,6 *d*8,6 S.234
und der ungenante man,
die drî spiezgenôze
solten mit gemache lân
5 den von Bernriute.
ja ist er ein vil tumber,
geiler getelinc dort her.
wol sleht er daz sumber.
er ist genant der junge Ber.
10 in einer hirzes hiute
treit er an dem lîbe sîn ein engestlîch gerüste.
sehzic klâfter îsenîn
ligent in der troien sîn.
vil wît ist er zer brüste.

15 Dennoch treit er mêre   *c*83,7 *d*8,7
einen guoten îsenhuot.
sîn swert daz snîdet sêre.
sîn genippe diu ist guot
und sîn glitze lange.
20 eines bogen von horne,   S.235
des wil er nindert âne gân.
er treit in sînem zorne
einen kolben freissan
und ein stehelîn stange.
25 er giht, daz ez ir ende sî, kum er in zuo mit stôze.
dâ von hüete sich Berhtram
und der ungenante alsam
und der junge Gôze.

Anhang 165

Zu Nr. 34 nach V.

Saelde diu ist verre bezzer danne golt. *c 91,5* S.230
swem si guotes willen wil genaedic sîn,
dâ gewinnet slâfen aller guoter dinge vil:
sô gît ungelücke bitterlîchen solt.
5 daz ist an mir selben leider worden schîn:
mîne sinne sint ân saelde nür ein goukelspil,
des mir manger giht.
hât ein man der saelden niht,
swaz er denne gedienet, sô ist al sîn sin ein wiht.

Ebenda nach IX.

Her Nîthart, ê was iuwer sanc gemeine gar: *d 7,10* S.231
nû welt ir in um die ritter eine hân.
tugenthafte knehte iu nimmer solten werden holt.
ob ein kneht eins vingerlînes naeme war,
dar um soltet ir in ungeniten lân.
ritter solten tragen billîch sîden unde golt;
haerîn vingerlîn
solten wol gemaeze sîn
einem knehte, daz er sînen vinger stieze drîn.

Ebenda nach IX.

Genuoge frâgent in dem lande über al, *c 91,8* S.232
wer er müge sîn, der alsô schône sanc
von den tumben gouchen, der vil in der werlte sint.
sô wil ich in nennen: der von Riuwental.
saelic sîn, die mir sîn alles sagen danc!
den singe ich niuwe freude, daz in trûren wirt ein wint.
alle werde man,
seht, die suln ir trûren lân!
mich müet sêre an Metzen, wil diu Kuonzen für mich
seht, die suln ir trûren lân! [hân.

Ebenda nach IV. *c 91,10*

Sît nu Kuonze an Metzen hât mir vür gerant,
sô fürhtet er mich niht, wie kleine ist umbe ein hâr.
sîne friunde er bittet, daz si mir unwaege sîn.
wer die sîn, daz tuon ich iu nu wol bekant:

Anhang

5 daz ist Gumpe und Eppe, Gôze und Engelmâr.
die dünkent sich noch scherpfer dan diu wilden eber-
sî bestüenden wol [swîn.
einen kezzel bônen vol.
sî sint freche helde, dâ man rüeben sieden sol.

10 Gumpe unde Gôze die sint mir niht trût,   *c 91,11*
daz si nement mir sô gar unrehten stîc:
dô sî mit ir gesellen zuo dem tanze wolten gân,
dô liefen sî mir balde durch mîn gartenkrût.
zwischen in gienc Künegunt und Hedewîc.
15 kein gewissez tor enmohte dô vor in bestân,
alde ez waere vlorn.
swert diu sluogen ûf ir sporn,
daz si lûte erklungen; daz tet mir ze den vil zorn.

Zu Nr. 35 nach V.

Er hât ir gesaget,   *C 8 c 93,6* S.236
daz ir ôren wol behaget,
ich enweiz niht rehte, waz.
sô ie lenger, sô ie baz
5 sitzet er ir nâher unde ie verrer ich hindan.
sol mich daz verjagen,
daz si nieman kan gesagen
mîner schulde niht für wâr
alse kleine als umbe ein hâr,
10 wan daz ie mîn herze nâch ir minne sêre bran?
sît si mich gevie
mit ir lôsen ougen blicken,
sît lag ich gevangen in ir starken minnestricken;
sît des mâles kam ich ûz ir minnebanden nie.

Ebenda nach VI.

Koeme ez aber alsô,   *c 93,8* S.237
sô würd ich von herzen frô,
daz si lieze mir den strît,
der mir an dem herzen lît.
5 sist sô guot, deich mich ir in dem herzen freuwen mac.
liebe frouwe mîn,

al mîn dienest der ist dîn.
durch dîn minniclîchen lîp
troeste mich, vil saelic wîp!
10 dû bist immer mînes herzen bluomter ôstertac.
swer daz wenden wil,
dem müez sîn gelücke swinden!
wil mîn frouwe ir ungenâden an mir niht erwinden,
sô fürht ich vil sêre, mîner swaere werd ze vil.

15   Jener Eberhart   *c 93,9*   S.238
(tumber getelinc nie wart:
erst von Stetenbach geborn),
lieze er ligen sîne sporn,
dâ mit er verhouwen hât der meide ir gewant!
20 sî trat an den sporn;
des ist ir der fuoz gesworn,
daz si niht getanzen mac.
wê, daz ich den selben tac
ie gelebte, daz si solhen schaden dô enpfant!
25 wê, daz er die sporn
ie gesach mit sînen ougen!
swenne er ie daz houbet twuoc, sô wuosch erz ûz der
                                                [lougen.
er hât sî verhouwen, daz si hât den tanz versworn.

    Ich muoz aber klagen,   *c 93,10*
30 beide singen unde sagen
über einen dörper her,
derst genant der junge Ber;
von gelimpf ist erz genant: dem bern ist er gelîch.
sîn unfuore ist grôz.
35 hiwer, dô man die palmen schôz,
dô warf er mich an den nac.
hey, gelebte ich noch den tac,
daz unheil an im geschaeh, sô waere ich freuden rîch,
oder daz geviel
40 noch sîn stîc an mîne strâzen!
sîner ungefuore möhte er mich vil wol erlâzen;
schimpfes unde spottes ich von im niht dulden wil.

Lanc ist im sîn hâr. *C7 c93,11*
doch dar under, nemet war,
45 siht man in um sînen kragen
einen grôzen bolster tragen:
dâ sint keten inne und in dem wambeis über al
unde ein hirzes hût.
er ist sînes vater trût:
50 der gibt im vil guot gewant. *S.239*
er tregt staete in sîner hant
ein guot kepelîsen, dâ lît an daz alte mâl.
er hât, swes er gert.
dennoch treit er eine gnippen.
55 sî sint umbe den Buosemberc vil nâhe sîne gesippen.
er dünket sich des vîretages wol drîer bônen wert.

Alle vîretage *c93,12*
kumt der oede dorfkrage
wol selpfünfter her gegân.
60 sîn hâr hât den widerspân.
zwên die tragent îsnîniu swert, die zwêne wîze stabe;
so ist des fünften muot:
er tregt einen hôhen huot,
da ist ein schappel ûf genât.
65 swenne er bî frou Metzen gât,
sô kiut er den riemen, der dâ hanget vast hin abe.
als er tanzen sal,
sô ist im sô wol ze muote,
si frâgent alle, wer er sî mit sînem hôhen huote:
70 sô sprich ich, er sî her Nîtharts vînt von Riuwental.

Ein vrîwîp schrei: „wê! *C9 c93,13*
Durinchart von Grammasê
hât mir leides vil getân:
er enist noch wirt niht man.
75 sîne gumpelwîse treip er hiuwer mir ze schaden.
des kan er genuoc.
er zebrach mir mînen kruoc,
dâ er stuont ûf einer banc.
daz sîn schaere habe undanc,
80 diu dâ verre reicht hin dan und sleht eim ûf den waden:

diust zebecket gar S.240
und gêt niden ûz der scheide;
dâ mit er den kruoc zebrach (got füege im herzenleide!),
dâ von ich mîne hennen vlôs: des bin ich guotes bar."

Zu Nr. 36 nach III.
    Sî hât wênic wîbes güete. c 112,4
got der senfte gein mir ir gemüete,
daz si mir genaedic sî!
ich gewan nie frouwen künde,
15 an der ich genâde minner fünde.
sî ist lobes von mir frî.
wolte sî, daz man si lobet,
si waere an kiuschen tugenden staete,
dazs ûz êren nimmer fuoz getraete,
20 und füere niht, alsam si tobet.

Ebenda nach IV.
    Hirzber spricht und sîne friunde, c 112,7 S.241
er und sîner muomen kint selpniunde
wellen von dem lande varn,
dar zuo hundert sîner mâgen.
5 lîp und guot daz wellens alle wâgen;
zwâr, si wellen daz bewarn,
daz si iht die êrsten sîn,
dâ man mit die schuole stifte.
waz, ob sî der schuolemeister wifte
10 und sîn scharpfez schaerelîn?

Ebenda nach V.
    Mich müet sêre an Wigerîchen c 112,10 S.242
sîn . . (stolzez umbetîchen)
hiwer an Wendelmuoten hant.
dâ trat er hôh unde Gôze
5 unde drî der sînen spiezgenôze
wurden mir aldâ bekant:
Liutfrit, Eppe und Engelhart.
ich aht ir als einer wicke,
als ich sî mit ougen ane blicke.
10 von in trage ich grâwen bart.

Anhang

I   Meie, dîn liehter schîn   *R 37,1 c 18,1 s 1* S. XI.
   und diu kleinen vogelîn
   bringent vröuden vollen schrîn.
   daz si willekomen sîn!
5 ich bin an den vröuden mîn   5
   mit der werlde kranc.
   alle tage ist mîn klage,
   von der ich daz beste sage
   unde ir holdez herze trage,
10 daz ich der niht wol behage.   10
   von den schulden ich verzage,
   daz mir nie gelanc,
   alsô noch genuogen an ir dienest ist gelungen,
   die nâch guoter wîbe lône höveschlîchen rungen.
15 nû hân ich beidiu umbe sust gedienet unde gesungen. 15

II Lieben wân, den ich hân   *R 37,2 c 18,2 s 2*
   gein der lieben wolgetân,
   der ist immer unverlân
   unde enkan mich niht vervân.
5 sol diu guote mich vergân,   20
   sanfter waere ich tôt.
   ich was ie, swiez ergie,
   sît daz ich ir künde vie,
   in ir dienste, des si nie
10 selten mich geniezen lie,   S. XII.
   dort und etewenne hie,
   swie si mir gebôt.
   sol ich dienen und des âne lôn von ir belîben,
   so ist des übelen mêre danne des guoten an den wîben. 5
15 von dem gelouben möhte mich ein keiser niht vertrîben.

Anhang

III Ungemach mir geschach,   *R 37,3 c 18,3 s 3*
do ich von êrste ein wîp ersach,
der man ie daz beste sprach
unde ir guoter dinge jach,   10
5 diu ir kiusche nie zebrach
unde ir hövescheit.
ist mîn hâr grîsgevar,
daz kumt von ir schulden gar.
ir vil liehten ougen klâr   15
10 nement mîn vil kleine war,
sô diu mînen blickent dar
âne kunterfeit.
  wolte sî mit einem gên den mînen beiden zwieren!
minne diu gebiutet, daz diu ougen scharmezieren,   20
liebe zwischen wîben unde mannen underwieren.

IV Hôchgemuot, dar zuo fruot   *R 37,4 c 18,5*
ist an jungem manne guot.
der vor schanden ist behuot
und daz beste gerne tuot,   25
5 den begiuzet saelden fluot,   S. XIII.
minnet werdiu wîp,
fürhtet scham: wîbes nam,
der enwirt dir nimmer gram.
ist er guoten wîben zam,   5
10 ist sîn zunge an schelten lam,
so ist er aller tugende stam.
saelic sî sîn lîp,
der daz lop behalte! der ist âne missewende;
aller saelden saelic muoz er sîn unz an sîn ende.   10
15 diu liet ich der werlde zeiner bezzerunge sende.

Abweichungen vom Text der 2. Auflage von Neidharts
Liedern, herausgegeben von Moriz Haupt, neu bearbeitet
von Edmund Wießner, Verlag von S. Hirzel in Leipzig 1923.

Vor dem Gleichheitszeichen steht die Lesart des vorliegenden
Textes, hinter ihm die der kritischen Ausg.² bei S. Hirzel und der
Hinweis *H* (= Haupt), bzw. *W* (= Wießner) auf die in den Anmer-
kungen daselbst gebotene, *Zs* auf die der „Kritischen Beiträge zur
Textgestalt der Lieder Neidharts" im 61. Bande der Zeitschrift
für deutsches Altertum und deutsche Literatur, hsg. von Edward
Schroeder und Gustav Roethe, *Ko* auf die im Kommentar zu den
Liedern Neidharts, *Wb* auf die im Vollständigen Wörterbuch zu
Neidharts Liedern, beide hsg. von Edmund Wießner im Verlag
S. Hirzel, Leipzig 1954.

Sommerlieder

1. 3,3 si = sî *in Senkung: so immer. W nach Ed. Sievers (briefl.).*
   3,5 an eines = an des *Friedr. Pfaff, Der Minnesang des 12.
   bis 14. Jh.s in Kürschners Deutscher Nat.-Lit.* 8/1, S. 97.8.
   3,7.14.21 traranuretun = traranuretum *W*.
   3,11 lâ mich âne nôt! = lât ir mich ân nôt! *W*.
   3,18 beid nâch bluomen = nâch bluomen beide *Sievers briefl.*

2. 3,22 'Der *und* 4,1 Ich *Ko.*
   3,25 nu = nû *in Senkung: so immer. W wieder nach Sievers
   (briefl.).*
   4,1.2 fröu . . gegen der heide ir liehten ougenweide = fröwe
   . . gegen der heide, der liehten ougenweide *Ko.*
   4,6 lât ez ân melde = lâtz âne melde.
   4,9 es = ez *W, Ko.*
   4,29 er giht . . diu schoenest = er spricht . . diu schoenste *Ko
   nach Bartsch* (DLD).

Anhang

3. 4,33 hiure = hiwer.
4,34 gruonet = grüener *Ko.*
4,36 die dâ = die dô *Ko.*

4. 5,9 hânt.. besten = habent.. aller besten *Ko* (*s. schon W*).
5,13 sumer = der sumer *W.*
5,19 singent, den = singent; den
5,21 mirz = mir ez *W.* — gelouben! nemt = gelouben, unde nemt.
5,27 suln = sulen *W.* — ir vîrtacgwant = ir bestez vîretacgewant *W nach Credner.*
5,33 ich bin disen = ich bin doch disen *W* — aller sorgen = aller mîner sorgen. — frî, sît = frî. sît *und*
5,34 hin. = hin, *W.*

5. 6,4 hebt iuch dar = nemt sîn war *Ko.*
6,6 reien = und reiet *Ko.*
6,13 meien: = meien. *Ko nach Bielschowsky.*

6. 6,19—23 „In — reien", = In — reien. *Ko nach H. Paul.*
6,21 wan si grüezent alle = si wellent alle grüezen *W.*
6,24.25 Sprach ein meit zuo ir muoter = Ein jungiu meit sprach zir muoter *W nach H. Paul.*
6,26 singen, = singen. *W nach Credner.*
6,34 Jeniu = Diu junge *Ko.*
7,1 Wan = Wande *Ko.*

7. 7,15 nahtegal diu = diu nahtegal diu *W.*
7,18 sult ir = solt dû *Ko.*
7,19 *Lies* dû *oder* nu wende? *Ko.*
7,24 wilt aber hin *von Haupt ergänzt.*
7,33 sô dû = sô dû die *Ko.*
8,4 hoeret = hoerent *Ko.*

8. 8,12 „Fröut = Ir fröut *Ko.*
8,17—19 *1 Zeile mit Binnenreim (ebenso in den folgenden Strophen) = 3 Zeilen mit Endreim (nach Bartsch) W und Ko.*
8,16 schön diu = schône *Ko.* — 8,18.19 ir süeze wîse singet, wünneclîchen schal = in manger wîse singent wunneclîchen schal *Ko.*
8,20 Walt nu schône loubet = „Der walt ist wol geloubet *Zs u. Ko.*
8,22—24 der joch mit einem seile.. mir bunde einen fuoz = der mir mit einem seile.. bunde mînen fuoz *Zs.*

Anhang

8,23 sô sprach = sprach *Ko*.
8,30.31 rugge .. grasemugge = rügge .. grasemügge *Wb*.

9. 9,13 „Sumer — Sumer *Ko*.
9,18 von allem? *W*.
9,20 werlde = werlt *W*.
9,25 Walt = Der walt *Zs u. Ko*.
9,29 veile nû mit voller = veile mit vil voller *Ko*.
9,33 ir = „ir *Ko*.
9,35 heile" = heile
10,1 „Si = „sê *Zs*.
10,4 „Sî = „Diu *W*.
10,6 wan = von *und* 10,7 grôze quâle = mange quâle *Zs*.

10. 10,22 „Diu = Diu *und* 10,32 Wol dan = „Wol dan *Ko nach R. M. Meyer*.
10,23 ine = ichn *Ko*. — gesachs .. schoener nie = gesach ein schoener nie *Ko*.
10,25 manc = manic *Zs*.
10,28 sanc und schoener bluomen = sanges unde bluomen *Ko*.
10,30 in liehter varwe = waete *Zs*.
10,37 „Nu balde hin = „Nû dâ hin *Ko*.
11,1 nûne sage = nû gesage *Zs*. — Iremgart: = Irmengart.*Zs*.
11,3 Sâ dô zehant = Sâ zehant *Ko*.

11. 11,9 mit grüenem loube = mit niuwem loube *Zs*.
11,16 wol singent elliu vogelîn = singent wol diu vogelîn *W nach H. Paul*.
11,21 Walhen = Walhe *Zs*.
11,31.32 tuot vil wê sendiu arebeite = tuont vil wê sende arebeite *W*.
12,4 deich der nimmer = der ich immer *Zs*.
12,9 pilgerîne = pilgerîme *Zs*.
12,11 Walhen = Walhe *Zs*.
12,39 zOesterrîche = ze Oesterrîche *Ko*.
13,1 dünket = dunket *W*.
13,4 siech = sîn *W* (*in den Laa*).
13,7 baz ein man dan heime = ein man baz dan dâ heime *Ko*.

12. 13,19 sult = ir sult *Zs* (*zu 9,24*).
13,25 sprüngen = sprungen *W*.

13. 14,15 gram. = gram — *Ebenso* 15,16 ergât. = ergât
14,21—23 anger (des nam ich war) von = anger, des nam ich war, von

Anhang 175

14,35 solde! = solde!": *darnach die Strophen* 15,5*ff. und* 15,13*ff. und zuletzt* 14,36*ff. nach* erlachet", *die bei Haupt beiden vorangeht.*
15,16 vremden = vrömden *u. ö. Ko.*

14. 15,27.28 *1 Zeile = 2 Zeilen. Ebenso in den folgenden Strophen.*
15,25 bî den = an den *Ko.*
15,34 stât diu linde = stânt die linden *W nach H. Paul.*
15,35 dâ hebt sich, als ich hân vernomen = sich hebt, als ir wol habt vernomen *Ko.*
16,19 lât = lâz *Zs.*
16,24.25 der gürtel .. den umbe ich = diu gürtel .. diech umbe *W.*
16,27 tougenlîcher = tugentlîcher *Zs nach Bartsch, DLD. Ko.*
16,31 Riuwental = Riuwental, *Ko.*
16,34 derst = der ist *W und Ko nach Bartsch.*

15. 16,38 wellen lobelîche = lobelîche welnt *Ko.*
17,2.3 *1 Zeile = 2 Zeilen nach Tischer und Bartsch Ko.*
17,4 Walt = Der walt *Zs zu* 9,25.
17,9.10 winder, dô die bluomen an der heide / stuonden wünneclîch gevar = winder ab der wunneclîchen heide, dâ die bluomen stênt gevar *Zs u. Ko.*
17,11 mit des süezen meien touwe = mit des meien süezem t. *W u. Ko.*
17,14 „Swaz .. 18 gesundet" = Swaz .. gesundet *und*
17,19 „Vreude = Vreude. *Ko.*
17,20 owê = „owê *Ko.*
17,25 von der manne schulden = von der manne minne *W.*
17,26 het = hât *W.*
17,27 liebiu tohter mîn = liebez tohterlîn *Zs.*
17,29 „Nein dâ = „Neinâ *Zs.*
17,36 mannes-minne- rüeren = mannes minne rüeren *Ko.*
17,40 Künzen = Kunzen *W.*

16. 18,4 „Schốn àls .. grúonèt = Schôn áls .. grúonet *Ko.*
18,5 gúot maère wíl den vróuwèn ich ságen = guot máere ich dén vróuwen wil ságen *Ko.*
18,10 Nú ist wol bréit .. líndèn = Nû íst wol bréit .. línden *Ko.*
18,11 díu wàs .. híuwèr = diu wás .. híuwer *Ko.*
18,12 nu ist = nû ist *W.*
18,16 Séht, wíe .. ùnde = „Seht wíe .. unde *Ko.*
18,17 dár àb .. híuwèr = dar áb .. híuwer *Ko.*

18,22 Múotèr mîn, láestù = Múoter mîn laéstû Ko.
18,23 stólzlíchen .. àn = stolzlíchen .. an Ko.
18,28 „Tóhtèrlín, túostù = „Tóhterlín, túostû Ko.
18,29 dér ùns den gímpelgắmpèl = dér daz gímpel gắmpel W.
18,33 wiltû = und wiltû.
18,34 ùnd .. hắstù = und .. hắstû.
18,35 dú wìlt mir .. réizèn = dú wilt .. réizen Ko.
19,1 Strích vòn mír .. ùnde = Strîch von mír .. unde.
19,2 héy, strùche, .. dìr = hey strúche! .. dir.
19,5 rucke = rücke.

17. 19,7 „Schouwet Ko.
19,15 gebrechen = gewinnen Zs.
19,26 sô spil = spil Ko.
19,27 uns hiuwer = hiwer uns Zs.
19,36 die suln = suln Ko.
19,37 Die sumerwünne = „Die sumerwunne Ko. — rîde = reide W und Ko.
20,5 behangen = bevangen W.
20,17 wâ ist = wa ist Ko.
20,19 zimet = zimt W.

18. 21,1 bringt = brinc Ko.
21,11 lempel = Lempel Ko.
21,18 wes = des — niwan ich = ich niewan Zs u. Ko.
21,25 widerkêren = wider kêren Ko.

19. 21,35 „Wol = Wol und 22,17 Ich = „Ich Ko.
21,37 winder = der winder W zu 5,13.
22,3—16 Strophe II und III sind umgestellt gegen H. Zs.
22,6 sorge = sorgen Ko.
22,7 in kündet sich der meie. = ez kündet in der meie W u. Ko.
22,8.9 sumerlîch geschreie daz = sumerlîch geschreie. daz W.
22,30 dehein mîn kint nie = nie dehein minne H u. Zs.
22,35 beide = beiden W nach H. Paul Ko.

20. 23,8 manegem herzen = manegen herzen Zs.
23,11—13 Swer .. welle .. helfe .. der lose = Die .. wellen .. helfen .. die losen Zs.
23,15 suoze = süeze s. Wb unter süeze.
23,17 die wil ich = ich wil si Zs.
23,26 triuwen = entriuwen W nach Tischer.
23,29.30 schelden: enkelden = schelten: enkelten Zs.

Anhang 177

21. 24,21 schône = wie schône *Ko*.
24,32 âne dîne = ân die dînen.

22. 25,15 von niuwem loube = niuwer loube *Zs*.
25,16 dar under .. strîchen = dâ wider .. tîchen *Ko nach Wilmanns*.
25,29 einen wolgetânen kranz = einen ... kranz *Ko*.
26,1 wir sulnz = wir suln ez.

23. 26,23 sâhen, = sâhen.
26,24 end = sît *W u. Ko*.
26,25.26 klê aber als ê. = klê, aber als ê *W*.
26,27 heide diust = ist diu heid *W*. — 26,27 nû bevangen = umbevangen *Ko*.
26,34 wünneclîchen = wunneclîchen.
26,35 Sprach ein maget = Dô sprach ein maget *W*.
26,37—27,1 val, über al sint si niuwes loubes worden rîche = val âne zal, die siht man aber in dem walde louben *Zs*.
27,21 Sliezet = Giezet *W*.
27,22 stolzem ritter = einem ritter *Zs*.
27,28 ritters = der ritter *Zs*.
27,31 dû: des wis nu âne lougen, = dû, des bistû âne lougen. *W u. Zs*.
27,37 inne: = inne *W und Zs*.

24. 28,2 kleinen, süezen = kleiner süezer *W nach Benecke*.
28,7 mägde = megede *W*.
28,17 mägde = megde *W*.
28,18 zieret = ir zieret.
28,30 solt = sol *W u. Ko*.
28,31 durch sînen willen = durch des willen *Zs*.

25. 28,36 Vreude und wünne hebt sich aber = Vreude unde wunne hebt sich *Ko*.
28,37 Karels = Karles *Ko*.
29,10 in weiz = ichn weiz *Ko*.
29,12 wan daz ich ein vrîheistalt = wan deich einen vrîheitstalt *W u. Ko*.
29,17 müese = muoz *W*.
29,20 mich naeme es = jâ nam michs *W u. Zs*.
29,23 würf = warf *W*.

26. 29,31—33 wünneclîch .. lobelîch .. vogele = wunneclîch, lobelîch, .. vogele, *W*.

29,36 ir muot gestât = ir gemüete stât *W*.
30,2 mîn tougen senediu = mîn lange senediu *Zs*.
30,11 inne" = inne *W*.
30,12 „Leit = Leit *W und Ko*.
30,18 lange = langiu *Ko*.
30,18 sêret. = sêret." *W*.
30,20 Sage = „Sage *W*.
30,23.24 mir: habe = mir unt habe.
30,27 gerne = wie gerne.
30,28 hoerst eteswenne = hoerest eteswennen *W*.
30,32 des sîn sanc = der sîne sanc *Ko*.
30,36 hân ich indert heime? = Unt hân ich indert heime, *Ko*.
31,2 sumers = des sumers *Ko*.
31,3 vüege ouch mir = vüege mir *Ko*.

27. 31,6 künfte = kunft *Wb*.
31,14 da ist = deist *W*.
31,19 hoer diu vogelin = hoere ein vogelîn *Ko*.
31,24 lûter = lûter, *W u. Wb unter* lîse.
31,27—29 ir zemet .. des reien schar .. mit samt iu .. diust iuwer aller = die zement .. des meien schar .. mit samt in .. diu ist ir *W u. Ko*.
31,36 dannoch = dar nach *Zs u. Ko*.
31,37 deist = deis *Ko*.

28. 32,7 werlde = werlt *W*.
32,8 vil herzen ir gemüete = vil herze in ir gemüete *H*.
32,12—17 „Komen .. heie!" = Komen .. heie. *Ko nach Wilmanns*.
33,3—14 *nach* 32,17 *mit Wilmanns. W u. Ko.*
33,5 die mînen? man = die mîn? die man *W u. Ko*.
33,6.7· gern: enbern ∶ geren: enberen *Ko*.
32,23 der sî ze vrevel = der sich ze vile *W*.
32,24—35 *nach* 33,2 *und* 32,36 — 33,2 *nach* 32,23 *Ko nach Wilmanns*.

29. 33,19.20 enbern: gewern = enberen: geweren *Ko zu* 33,6.
33,31.32 (trûren stoeren kumt uns lobebaere): = trûren stoeren kumt uns lobebaere.
33,33 da ist = deist *Ko*.
34,8 lieht wol geveitieret = lieht und wol gwyzieret *W u. Ko*.
34,16 jugende waeren wert = tugende wâren wert *Ko*.

Winterlieder

1. 35,7 beide = beidiu *W*. — ouch snê = ouch der snê.
   35,23 Etzel, Ruoze = Lanze und Anze *Zs*.
   36,4 enwolte = wolte.
   36,11 er lebet = und lebet *Zs*.
   36,14 îsnîn = îsen- *Ko*.

2. 36,21 beide = beidiu *W zu* 35,7.
   36,22.23 tac (deist mîn ungehabe): = tac. deist mîn ungehabe: *Ko*.
   36,31 des ersmieret = des gesmielt dô *Ko*.
   37,29—38,8 *nach* 36,37. *Zs*. — Zickâ = Hickâ *W u. Ko*.
   37,35 iht = niht *Zs*.
   37,38 Friderûnen = Friderûne *Zs nach H. Paul*.
   38,2 schuldic = schuldec *Ko*.
   38,3 ist = wirt *Zs*.
   38,5 strâze = gazzen *Zs*.
   38,7 Iremgart = Irmengart.
   38,8 triuwen = vrouwe *Zs*.
   37,6 Elle = Wendel *Zs*.
   37,7 Wendelmuot = Engelmuot *Zs*.
   37,14 dô = dâ *Ko*.
   37,22 hets sich = hetes sich *W u. Ko*.
   37,26.27 baz (wizzet daz!) = baz, wizzet daz,

3. 38,10 da ist = ja ist *Zs*.
   38,23 obz = ob ez
   38,27 alum die = alumbe den *Zs*.
   38,28 brüevet = den brüevet *W nach Tischer*.
   38,38 binden = daz binden *W nach Tischer*.
   38,39 got gebiete den jungen wîben = Ich rât allen guoten wîben *Zs*.
   39,1 wellen = wellent *Zs*.
   39,5 war zuo .. âne = wâ zuo (*W Laa.*) .. ân
   39,6 um daz = umbe dez *W oder* umbez *nach Pfeiffer*. *Ko*.
   39,7 daz et in = sô daz in *Zs*.
   39,10 Eppe zuhte = Eppe der zuht *Zs*.
   39,20—29 *Zusatzstr. S. Zs u. Ko*.
   39,22 wils = wil *Zs*.
   39,26 giengen sî = gênt si vil *Ko*.
   39,33 koren = korn diu *W zu* 49,11.

Anhang

4. 40,1 „Sinc an, guldîn .. weize", = „Sinc, ein guldîn .. weize."
W u. Ko.
40,2.3 (schiere dô wart ich vrô) = schiere dô wart ich vrô:
W nach H. Paul.
40,4 sprach si, nâch der hulden ich dâ = nâch ir hulden ich vil gerne *W nach H. Paul.*
40,10 geilicheit = saelekeit *Ko.*
40,25—36 *vor* 40,13—24 *zu stellen W zu* 40,24. *Ko.*
40,28 dorefwîbe = dorfwîbe *Ko.*
40,29 schône = michel *Zs.*
40,31.32 swigen (daz was .. wünne), = swigen, daz was .. wünne; *Zs zu* 98,12*f.*
40,33 von zeche = ze zeche *Zs.*
40,36 zwein vil = zweien *Ko.*
40,13—24 *nach* 40,36 *zu stellen.*
40,15 vuder = vürder *Zs.*
40,17 sô ist = so ist
Nach 40,24 ist 144,1—12 *zu stellen W Ko.*
144,4 Tuoze = Ruoze *Ko.*
144,9 Holingaere = *Lücke.*
144,11 (des nemt war!) = (nemet war) *Zs.*
40,37 Sâht = Gesâht *Zs zu* 40,1*ff.*
41,1 niuwen = einen
41,6 di ermel = die ermel *und*
41,9 Dörperlîch = Vil dörperlîch *Zs a. a. O.*
41,18 zecke = zeche *W.*
41,20 sînem = sînen *Zs.*
41,21 Imst = Im ist *Zs zu* 40,1*ff.*

5. 41,35 der .. vogelîne = den .. vogelînen *W nach H. Paul.*
42,34—43,4 *nach* 42,3 *zu stellen. Ko.* — 34. ligent = liget *Ko.*
42,14—23 *nach* 43,4 *zu stellen. Ko.* — 42,14 Es = Ez *W.*
42,19 der minne schaden büezen = die mennescheit gebüezen *Zs.*
42,20 muos = muoz *Ko.*
42,23 *Über diese Zeile, die in R* daz was reihtzen fvt mit vchsengeren, *in c* ward mir riczen fut mich auch sengeren *lautet, s. Zs. u. Wb. unter* uohsengêre.
42,4—13 *nach* 42,23, 42,24—33 *nach* 42,13, 43,5—14 *nach* 42,33 *zu stellen.*
42,27 den si heizent = den si dâ heizent *Ko.*

6. 43,21 aber dâ = aber sâ *Zs zu* 38,10 *und Ko.*
43,23 in mînem garten rüeben = rüebe in mînem garten *Zs.*

Anhang

43,25 sî ist = si ist *W*.
43,28 râten mîne = râtet, mîne *Zs*.
43,33 dier = die ir *W*.
44,3.4 daz er mit ir iht rûne, jener Wasegrim, = daz mit ir iht rûne jener Wasegrim *Zs*.
44,6 vîent als eim = vînt als einem *W*.
44,9 het = hete
44,14 uns bî der minne = unser mennescheit *Zs zu* 42,19.
44,23 sîm = sînem *Ko*.
44,23.24 hâre (habe ûf mînem schuohe!) *W* = *Rufzeichen und Klammern fehlen*.
44,26 brütten", = briuten" *W*.
44,28.29 garn, und = garn. und *W* — zerütten = zeriuten *W*.
44,33 dran = dar an *Ko*.

7. 45,4 möhten = und möhten *Zs*.
45,5 mir vil lîhte noch = vile lîhte mir *Zs u. Ko*.
45,12 oukolf! = oucholf. *Ko*.
45,15 Iremgart = Irmengart *Zs. zu* 11,1.
45,17 hant: sô ist = hant: seht, so ist *Ko*.
45,24 zecket = zechet *W zu* 41,18.
45,25 ir hoert = ir hoeret *Ko*.
45,30 beitet unze morgen .. sô muoz *W* = beite er unze morgen .. müese *W u. Ko*.
46,4.5 wol, swer der triuwe .. ist. = wol. swer die triuwe .. ist, *W u. Ko*.
46,8.9 mich, wie sich mîn vrouwe mêre an mir = mich. swie sî sich immer helfe an mir *Zs*.
46,15 sels .. dan ich sîn bite = sel si .. dan ich si bite *Ko u. Wb unter* bîten.
46,27 trahte mir .. dieren = brâhte mich .. dierne *Zs*.

8. 46,32—34 kint? .. dach): = kint?) .. dach. *Ko*.
47,5 starec .. gar ze kranc = starke .. alze kranc *Ko*.
47,8 bûz = buc *Zs*; *s*. buc *im Wb*. — 7. sîn = sît *Zs*.
47,12 slündic: stundic *Wb unter* stundic.
47,15 daz ich wîte ergint = sô daz ich ergint *Ko*.
47,16 lât = ir lât .. vüdestecke = ir lât .. witestecke *W*.
47,23 bî dem = in dem *Ko*.
47,36 und einem = underm *W*.
47,37 .kom = kam *s. Wb*.

9. 48,11.12 nam (daz .. veile): = nam. daz .. veile. *W u. Ko*.
48,13 nâch grôzem mîme unheile = nâch grôzem unheile *W zu* 49,11.

48,18 *Vielleicht* sagt mir, liupper herre, dûhte = liupper herre, sagt, wie dûhte *Ko*.
48,19 dinge = dingen *W nach H. Paul. Zs u. Ko.*
48,20 treieros = treirôs *Ko*.
48,27 volenden.'' = volenden.
48,28 grüffelîne = grüfelîne
48,35 mangen âbent vruo und sunder spâten = mangen morgen vruo und âbent spâten *W, Zs u. Ko*.
48,36.37 prîsen noch = prîsen; noch *Ko*.

10. 49,11 ureloup = urloup *Ko*.
49,13 ûfm anger = ûf dem anger *Zs u. Ko*.
49,28 und mîdende = und mîdent sî *W*.
49,30 verheln enkunden = verhelen kunden *Ko*.
49,36 Werenbreht = Erkenpreht *Zs zu* 50,36.
50,13 dan = danne *Zs*.
50,15 Sîne weidegenge = Seht sîn weidegenge *W nach Jacobs und Zs zu* 29,17.
50,16 verewent: *s. Ko* S. 114 *gegen Zs*.
50,21 man hilft im ûz der kîchen = man büezet im den kîchen *Ko*.
50,26 hilft = hilfet *W*.
50,28 ez wirt im in getrenket = wirt er dar an bekrenket *und* 32 der wirt im dâ bekrenket = wirt im dâ in getrenket *Zs nach Keinz*.
50,31 tumbelîcher = tumplîcher *Ko*.
50,36 Werenbreht .. wirt im der = Erkenpreht .. wirt iu ein *Zs*.

11. 50,39 des sint diu kleinen = dâ von sint diu *Ko*.
51,1 deist = daz ist *W*.
51,15 waene ich = ich waene *Zs*.
51,16 strâze = strâzen *W u. Ko*.
51,17 wolde mêr = wolde gar *W*.
51,19 gämelîche = gämellîche *W*.
51,35.36 kragen. erst *Ko*.
51,39 brüttet = biutet *W*.
52,1 wes = war *W (Laa.)*.
52,2 niemen, würd joch = niemen. würde ouch *W u. Ko*.
52,4 gemüeten, = gemuoten *W u. Ko*.
52,10.11 krophe. unverwendeclîchen, waen, er nâch ir hüffel greif = krophe vil verwendeclîchen, wan er ûf sîn hüffe greif *Zs*.
52,20 dicke = ofte *W*.

Anhang 183

12. 52,22 liehten = lieben *Zs.*
52,24 bluomen schîn und vogele singen ist nu gar zergân = bluomen unde vogele singen ist in gar zergân *W, Zs.*
52,37 mügen = mugen
53,3 müeze volgen = volgen müeze *Ko.*
53,12 ie ze = ir ze *Zs.*
53,16 wenden = wendent *Ko.*
53,26 müet = muot
53,29 dierenkint = diernkint *Ko.*
53,34 her Oezekint = Oezekint *Ko.*

13. 53,35 Wie überwinde = Wie verwinde *Ko.*
53,36 ùnd = und
53,38.39 leide, .. âne = leide .. âne
54,2 die uns *Zs zu* 53,35.
54,6 ùnd = und
54,8 mir = ir *Ko.*
54,9 díenèst, den ích = díenest dén ich *W.*
54,15 zwênè sint mír geház = zwêne sínt mir geház *W.*
54,16.17 gehaz (schaden .. versehen) = gehaz: schaden .. versehen.
54,18 tíuwèr er sích = tíuwer ér sich *W.*
54,20 râtent = die râtent *Zs.*
54,24 dierkénne ìch = dierkénne ich
54,25 liebes lônes = liebes wânes *W (Laa.).*
54,27 spránzlèr und ír = spránzelaer únde ir
54,31 zerüttent = zeriutent *W zu* 44,29.
54,32 Engelwânen = Engelwâne *Ko.*
54,33 hôhe èr = hôhe er
54,36 vláemìschen = vláemischen
54,40 korenkasten = kornkasten *Ko.*
55,2 òde = ode
55,5 nìht = niht
55,6 Ruoze = Buoze *W nach Keinz, auch Zs.*
55,11 twíngènt = twíngent
55,14 zímbèl = zímbel
55,15 des daz = doch daz *Zs.*
55,25 dünket = dûhte *Ko.*

14. 55,28 al den tac = alle tage *Zs.*
55,33 die wil ich iu = des wil ich iuch *Zs.*
55,39 trit, = trit *W.*
56,12 sô wol mich daz ich si ie sô minneclîchen vant = wol mich daz ichs ie sô rehte minneclîchen vant *Zs.*

56,23 der wizze = nu wizzet *Ko*.
56,31.32 daz im vertruoc Elsemuot = daz ichz vertruoc, mit Elsemuot *W u. Zs*.
56,38 gelîche. = gelîche,
56,39 nu sprichet er, = durch daz er giht, *Zs*.
57,1 er slahs = er slahes *Zs*.
57,4 umb nie niht mêr = umb anders niht *Zs*.
57,10 slüegen! = slüegen,
57,11—14 (daz ... al): = daz ... al. *Ko*.
57,16 nu wer = wer *Ko*.
57,17 ern = ers *Ko*.
57,19 er gedranget = sî gedrangent *Ko*.

15. 57,24 hine = hinne *Zs*.
57,34 allem = allen *W*.
57,38 gwunnes = gewunnest *W u. Ko*.
58,4 diu mich niemer des = singens niht
58,11 erzeige = zeige *Ko*.
58,17 „Ie lenger unde ie lieber" *und* „ie lenger unde ie leider" = Ie lieber unde ie lieber ... ie leider unde ie leider *Zs*.
58,19 kumt = kumet

16. 58,25 dîne ... lange, = dîner ... lange! *W u. Zs*.
58,26 die sint = sint die
58,30 daz mir niht = daz niht *Ko*.
58,32 diuhte = dûhte *Zs*.
58,35 sich gelîche = sî gelîche *Zs*.
59,8 der ist = derst *Ko*.
59,21 jâ wolde ich ê = ê wolde ich *Ko*.
59,22 liupper, heime = liupper herre *Ko*.
59,25 müete = muote
59,29 bî der = beide der *Ko*, *Wb unter* erleiden.

17. 61,19 léitlı̀chiu = léitlîchiu
61,20 hât ... vréudè = hânt ... vréude *Zs*.
61,23 sồ = sô
61,24 hétè = hete
61,30 mínnè = mínne
61,31 áller sínnè behért = án den sínnen verhért *W*.
61,34 verlíuse ich = verlíuse ich
61,35 nìht = niht
61,37 ir gesingen ... mir holdez = gesingen ... mir alsô holdez *W und Ko*.

Anhang

61,39 entslüege = enslüege *W u. Zs.*
62,2 méièr = méier
62,3 jénèr Durnchárt = jéner Durnkhárt *Ko.*
62,6 brùoder = bruoder
62,7 (só sô tóerschès nie wárt), = só sô tóersches nie wárt,
62,13 híuwèr = híuwer
62,14 zórniclíchèn = zórniclíchen
62,17 vríundèn = vríunden
62,18 ìm = im
62,24 túmp ùnde = túmbe unde
62,25 èr = er
62,26 sìn schuoch = ein schuoch *Zs.*
62,28 wìsemât = wisemât
62,29 vîrtègelích = vírtegelích
62,33 wineliedel = wineliet diu *Ko.*

18. 59,36 *und* 60,1 gesweiget *und* seiget = geswîget *und* sîget *Zs u. Ko.*
60,2 wan ich bin noch an mînen vreuden unverzagt = noch *fehlt Ko. nach Patzig.*
60,6 wünschet = wünschent
60,9 berevrite = bervrite *Ko.*
60,13 wê mir sîn der = Uoze ninder *Ko.*
60,23 mirst unmaere, werdent = mir ist liep, und werdent *Zs.*
60,25 ganze, Walberûn, = ganze Walberûn *Ko.*
60,30 âne = ân
60,33 enem = einem *W* (*Laa.*).
60,36 jâ verklagte ich wol = jâne klagte ich niht *W.*
61,7 müet = muot
61,12 ir iegeslîcher = ir islîcher *W.*

19. 62,34 Bluomen = Die bluomen *Ko.*
62,39 vreuden = vreude *W.*
63,2 ie sô vrô = ê vil vrô *W.*
63,9.10 rôsen ist diu heide blôz von des rîfen twange = diu heide ist von den rôsen blôz: daz kumt von rîfen twange *W.*
63,16 wie = swie *W u. Wb unter* hâr.
63,19 und in ir willen hengen, der = der ir willen henget unde *Zs u. Ko.*
63,27 daz sî nu = daz si *W.*
64,1 kleiner lôn = déhein lôn *W.*
64,8 in rûnewarten bölzel = in ruomewât sîn bölzel *Zs.*
64,9 sich güffent = er hoffet *W u. Zs.*

Anhang

64,10 Swer = Sî *W nach H. Paul.*
64,11 spottelachet, = spottelachet. *Ebenso.*
64,12 lôn = dôn *Zs.*
64,15 niene ûf rehten lobes dôn = unde ûf ungewissen lôn *Zs.*
64,19 und = unde *W.*

20. 64,23 wünne = wunne
64,33 Uodelrîch = Uodelgêr *Zs.*
65,12 wünne ... füdenol = wunne ... fudenol *W.*
65,13 joch den keiser Friderîch genüegen = den keiser Friderîchen wol genüegen *W.*
65,26 *ff und* 15 *ff: die Umstellung nach Credner Zs. u. Ko.*
65,35 immer, triuwen, bî = immer triuwen bî *W.*
65,20 ern hiet = er hiet *Ko.*
65,24 dône kunde an den stunden doch sîn rehtiu niht vollangen = dône kunde er an den stunden sînes willen niht vollangen *Zs u. Ko.*
65,25 der von knütelholz = herre knütelholz *Ko.*

21. *Nach meiner Darlegung Zs 166 ein Lied von zweifelhafter Echtheit.*
66,13 für, niht ûf und umbe = für niht ûf und abe *Zs.*
66,19 obs einen = ob sî einen *W.*
66,20 der mînen willen = den mînen wîlen *W u. Ko., Wb unter* wîlen(t).
66,29 werltfreude = werlte freude *W.*
66,31 daz er = daz ez *Ko.*
66,32 rucke = rücke

22. 67,19—30 *vor* 67,7—18 *zu stellen. W nach Bielschowsky; Ko.*
67,21 swies joch = swie sî *Ko.*
67,22 lâzet = lât ir *W zu* 3,11.
67,26 triuwen, = trûren *Zs.*
67,12 ich wol = ich ie *Wb unter* ie.
68,2 die ich mir ze vriunde het = die het ich ze vriunde mir *W nach Puschmann.*
68,9 mir noch = mir vil *Ko.*
68,14 eines = einez *W nach Benecke.*
68,20 nu = im *W; lies* in vollen *Wb unter* vollen?
68,24 geduldec = gedultic *W.*
68,32 kôlekrûte = kolekrûte
69,9 swes ... ze vrouwen = des ... ze vröuden *Zs.*
69,10 hâts mêre = hât sî mêr *Zs.*

69,16—19 gestalt (wol ... meil), = gestalt. wol ... meil; *Ko.*
69,21.22 gezogen (deist ... gar). = gezogen, deist ... gar. *Ko.*

23. 69,36 waer = waere *W.*
70,1 sprichet jener Willebort: = jâne sprichet Willebort. *W.*
70,2 „stên ir vür ir ôren ... verneme!" = stein erfüllt ir ôren ... verneme. *W.*
70,3 niht im ... sül! = im niht ... sül, *W u. Zs.*
70,5 stât, = stât. *Zs.*
70,9 Hildewîn = Hiltewîn *W.*
70,14 erbôt = enbôt *Zs.*
70,16 Kriechen! = Kriechen, *W.*
70,27 noch ze = und ze *W. Zs.*
70,28 enkunde ... ir gruoz = kunde ... ir werden gruoz *W.*
70,38—71,10 *Wahrscheinlich unecht: s. W. (nach Credner).*
70,39 geschehen = geschehen,
70,40 (des ... jehen), = des ... jehen,
71,1 dazs = daz *W.*
71,2 sîdenslaht *W* = sîden slaht
71,8 (sî ... slaht.) = sî ... slaht.
71,10 ouch het iuch = iuch het *W.*
71,24 wîbes = wîbe
71,28 wen ich dar umbe zîhen mac = wen ich der schulden zîhen mac *W.*
71,29 wer ... habe = der hât *W.*
71,30 gât uns abe = uns abe gât *W.*
71,37 hôhe mannes = hôher manne *Ko.*
71,38 meineclîch, = minneclîch *W. Ko.*
72,7 gein den herzen ougen = lât in herze und ougen *Zs und Ko.*
72,16 *und* 20 Minne *W.*
72,27 beliben ... liute (merket mîne klage!), = belîben ... liute und merken mîne klage. *Zs.*
72,28 törste ich gein ir ... selbe wolt, = solte ich zuo ir ... gerne wolt *Zs.*
72,29 daz doch = und doch *W.*
72,31 daz doch wol geschaehe, waere = und geschaehe ouch wol, und waere *W u. Zs.*
72,35 herzenlîche = herzeclîche *W.*
73,1 besuoche = versuoche *Zs.*
73,3 enmac = enkan *Ko.*
73,10 daz ist = und ist *W nach Puschmann.*
73,16 kindel = kinder *Ko.*
73,23 daz ez vil lûte = daz ez lûte *Ko.*

24. 73,25 kalde = kalte *W*.
73,27 langen swaeren = lange swaere *Ko*.
73,29 dâ von = alsô *W*. *Die Spatien in der Schlußzeile sind in der Ausgabe von Haupt (Wießner) nicht gekennzeichnet.*
73,34 daz sî den = des daz sî *Ko*.
74,2 Willegêr = Willeher *Ko*.: *ebenso* 18.
74,11 ie doch neic = iedoch sô neic *W*.
74,13 und smale = und enge *Ko*.
74,17 ingewer = ingeber *Ko*.
74,22 schrê = schrei *Zs*.
74,25 Wâ bî ... mîn geplätze hinne vür = Wâ von ... hine vüre mîn geplätze *W*.
74,30 vriunde = vriunt nû
74,31—75,2 *Vermutlich unechter Einschub: Ko.*
74,31 hân mînes herren hulde vloren = hân des mînen herren hulde verloren *W*.
74,34 manges ... daz ich = vil manges ... des ich *Zs*.
75,2 wil mich = wil *Ko*.
75,8 mir ist leit = mirst niht leit *W u. Zs*.
75,10 niuwen vezzel hât er baz dan zweier hende breit = niuwe
vezzel; dar zuo hât er zweier hande kleit *W u. Zs*.
75,12 wizzet = wizzent *Zs*.

25. 75,15 Owê, = Owê
75,18 rucke = rücke
75,24 selten er des ie vergaz = des er selten ie vergaz *Zs*.
75,34 manicvalt = manecvalt
76,12 wünne = wunne
76,30 (mêre, denne ich iemen sage), = mêre denne ich iemen sage.
76,31 ist ir = ist der *W*.
77,10 mandelzwî = Mandelzwî *W*.
77,17 mich verdrungen, er und ener = mich von ir verdrungen, er und sîn *Zs*.
77,18 geugeweten, = geugeweten
77,19 -steten, = -steten
77,21 an dem tanze = bî dem tanze *Zs*.
77,23 swaz = daz *Ko*.
77,27 (mêre, danne ein ander man), = mêre danne ein ander man,
78,2 minnehalp = mînenthalp *W (Laa.) und Zs*.
78,3 beide = beidiu *W zu* 35,7.

Anhang

26. 78,14 diu bî mînen jâren = daz vor allem leide *Zs*.
78,15 einez ist = daz eine ist *Zs*.
79,18—35 *vor* 78,20 *einzuschalten*. *Ko. zu* 79,18.
79,20 êrst undersâhen = ein ander sâhen *W und Ko*.
79,21 dô dûht sî mich schoene = dô dûhtes mich sô schoene *Zs*.
79,26 ich noch = ich *Zs*.
78,24 si ist mir vîent, ich = si ist mir vînt und ich *W*.
79,10 in mir = mir in *Ko. nach Keinz*.
79,15 sîner ungenâden schiere buoz = sîn und sîner ungenâden *Ko*.
79,17 er im = er mir *W. Ko*.

27. 80,5 ze ende = zende *W*.
80,9 hei, gelebte *W. u. Ko*.
80,12 gedenke, = gedenke, —
80,14 diune = diu ne- *W. nach Benecke*.
80,20.21 verkêret? vreu ... und troeste den lîp! = verkêret und vreut ... und ouch den lîp? *W. u. Ko*.
80,38 umbe niuwiu = umbe ir niuwen
81,2 beswaeret = beswârte *W*.
81,21 jener = ein geiler *W. nach Puschmann*.
81,38 hiufelbant = hüffelbant *Wb*.

28. 82,4 koeme = kaeme *W. u. Ko*.
82,6 sô klag ich: mîn vrouwe diust noch herticlîch gemuot = sô klag ich mîn vrouwen, diu ist herticlîch gemuot *W., Zs. u. Ko*.
82,34 swers = swer sî *W. nach Bartsch, DLD*.
82,36 âne = ân
82,39—83,11 *Unechte Strophe nach Credner*. *W*.
83,2 sint = diu sint *W*.
83,6 wirt = der wirt *W*.
83,19 rehten = rehte *W*.
83,20 sünden = sinne *und* 83,23 saelden siechen = saelde richen *W*.
83,24—35 *Die Echtheit der Strophe ist fraglich*. *Zs*.
83,27 lange her = *Lücke Ko*.
83,29 mêre = immer *W. u. Ko*.
83,31 iuch müget = müget *W*.
83,36—84,7 *Unechte Strophe nach Credner*. *W*.
83,39 mîm = mînem *W. nach Bartsch*.
84,8 ureliuge = urliuge *Ko*.

84,12 dorefsprenzel = dorfsprenzel *Ko.*
84,15 vüert = vüeret *Ko.*
84,27 wer solt... tanzens = man muoz ... tanzes *Ko.*
84,31 kirichtagen = kirchtagen *Ko.*
84,35 der solt = dem solte er *Zs.*
84,36 gebe = gaebe *W.*
84,37 sô sung im = sô kund ouch
84,38 gerne = singen
85,1 und müeste er im mit willen = sô müeste man dem vogele
85,2 wolte er = sunge er *Zs.*
85,3 gerne hoeren in dem = immer schône gegen dem *Zs.*
85,4 sô solt er in den winter mit geraete ein lützel = sô solte man in sumer und den winter lûte
85,5 die vogele sagent mit sange guoter handelunge danc = guoter handelunge wizzen ouch die vogele danc *Zs.*

29. 85,6.8 wünne *und* künne = wunne *und* kunne
85,10 dîner = gegen der *Ko.*
85,12 niemen = nieman *W.*
85,17 dem sî künde = der ir künde *W.*
85,22—29 *Unechte Strophe. W.*
85,31 von im = von ir *W.* (*Laa.*).
85,39 ninder einer in dem lande = in dem lande ninder einer *Zs.*
86,6 Hildemâren = Hildemâre *Ko.*
86,26 waene = waenet *Zs.*
86,29 Marichvelt = Marhvelt

30. 86,34 unde gras = und daz gras *Zs.*
86,36 von sînen schulden, ist diu heide = von schulden, ist diu grüene heide *W.*
87,1 daz ist = deist *W.*
87,3 Sô nimt lîhte iuch = Sî nimt immer *W. u. Ko.*
87,5 ich wils iuch = daz wil ich *Wb. unter* bescheiden.
87,6 bî der = in der *H.*
87,10 diu niht von = diu von *Zs.*
87,11 und dienest = dienest *W.*
87,13 Swenne ... solte in riuwen = Waene ... in den riuwen *W.*
87,16 sî endarf = sî gedarf *W.* — geladen: = geladen
87,17 von ir dienest umbe = in ir dienest: umbe *W.*
87,33—88,2 *ist mit Credner vor* 87,23—32 *zu stellen.* vrouwe ... elter = frouwe ... elder *Ko.*

Anhang

88,1   gar: gar, *Ko.*
88,19 waeren = wâren
88,21 mit ir spor = in ir spor
88,25 er = ern
88,26 reideval ... -brûn = reide val ... brûn *Ko.*
88,29 buosem = brîsem *W.*
88,34 ir schuoch ... ergât = ir schuohe ... ergânt *Zs. zu* 62,26.
88,35 kirichtagen = kirchtagen
88,36 ellenclîch = ellentrîch *W.*

31. 89,5   der uns = der mir *Ko.*
89,6   dem ist = des ist *W.*
89,19 noch = doch *Zs.*
89,24 langer ... gein = doch mîn ... gegen *Zs. u. Ko.*
89,29 seht = nû seht *W.*
89,33 nû die tumben getelinge! = ich den tumben getelingen? *Zs.*
90,11 er irrer krage = vil irrer krage *W. u. Zs.*
90,20 in sînem = an sîner *Zs.*
90,24 jenem = einem *W.*
90,31 er tôre = ein tôre *W.*
90,34—91,3 und 91,8—17 *sind zu vertauschen. W.* 91,8—17 *ist also hinter* 90,33 *und* 91,4—7 *hinter* 91,17 *zu stellen. W.*
90,36 enem = einem
91,10 Zeizenmûwer *und* 15 gebûwer = Zeizenmûre *und* gebûre *Ko.*
91,15 enen = anen *Ko.*
91,4   Berenriute = Bernriute
91,5   geslagen = erslagen *Ko.*
91,6   Willegêr = Willeher *W. zu* 74,2.
90,36 enem = einem
91,1   kom = kome
91,22—35 *unechte Ersatzstrophe für* 91,36—92,10. *W. nach Credner.*
91,35 niden = hinden *Zs.*
91,38 häselînen = haselînen
92,1   sô schône ûf = ûf alsô schône *Zs.*
92,2   er = ez
92,3   wambeis macht er = und machet wambeis
92,4—5 leinen, dörper: = leinen, dörper,
92,6   videlboge = *Lücke nach* er heizet. *Zs. Ko.*
92,7   sîn ort = sîn swert *Zs.*
92,10 er = ez

32. 92,24 schranc? = schranc

92,38 *Darnach ist* 94,3—10 *anzuordnen, darauf* 94,25—30. *W. zu* 94,3 *u. Ko.*

94,4 nîdes = leides *W.*

94,5 nu hoeret, vriunde, = vriunt, nu hoeret *W.*

94,9 eltet = altet *Ko.*

94,30 vür mîn = wan mîn *Zs.*

94,21 lâ = nu lâ *W.*

94,11—16 *folgt nach* 94,24.

94,14 muotent = die muotent *W.*

93,1 *ff. nach* 94,16. *W.*

93,3 (des ist niht rât) = des ist niht rât

93,11 warp = wart *Zs.*

93,13 leiden herzen = leides herzen- *Zs.*

93,14 sînem liebe = zuo sîm liebe *Zs.*

93,18 dorefman = dorfman

93,27 mac jenen gouch = mac in oeden gouch *W. u. Ko.*

93,28 hirenschal = hirnschal

93,30 ener = einer *und* 31 er = der *W.*

93,40 in mir = mir in

94,33 vant = sach *und* 94,37 waz mir wart bekant = wie mir nû geschach *W.*

94,39—95,2 daz ich vil / gwisse enwil / nimmer = daz ich wil / hiuwer vil / gewisse *W.*

95,4 künnen = kunnen

33. 97,9 *und* 11 sumerwünne *und* enbünne = sumerwunne *und* enbunne

97,10.11 muoz! der = muoz (der *und* 13 leide, = leide) *W.*

97,19 von deheinem = mê von einem *W.*

97,22 die lenge = lange *W.*

97,24 gewan, = gewan, —

97,36 und hulfe ez mich joch = hulfe ab ez mich *Zs.*

98,1 Berehtram = Berhtram

98,8 sweimte ... Bireboume, = sweimet ... Birboume, *W.*

98,9 dô ers ... bat, = der sî ... bat, *Zs.*

98,10 ûf daz röckel = durch daz röckel *Zs. S.* 177.

98,12 gie (er gie ir an der hant), = gie, er gie ir an der hant. *Zs.*

98,17 an dem = von dem *W.*

98,36 der einer = der eine *W.*

98,38 jener dürkel ir die wât = er verdürkel ir die wât *W u. Ko.*

98,39 dâ gerûne = gerûne *W.*

Anhang

34. 95,6 Sumers = Des sumers *W*.
95,8 winder = der winder *W*.
95,14 sît = ir sît *W*.
95,16 endarf = bedarf *Ko*.
95,19 vrône = vröude *W. u. Ko*.
95,30 dazer = daz er *W*.
95,35 daz den = daz daz *Ko*.
95,37 muoz = dô muose *W. u. Ko*.
96,5 klagen, = klagen. — 7 nam. = nam, *W*.
96,17 do'r den krumben reien an ir wîzen hende spranc = der spranc wol den krumben reien an ir hende blanc *W*.
96,20 gewinnet = gewinnent *Ko*.
96,36 dêst = des ist *W*.
97,5.6 Minne = minne — streben, = streben;
97,22 die lenge = lange

35. 99,22 „ach!" = ach
99,27 von der sînen ... scheffen vliuhet = von sîner ... scheffen sêre vliuhet *Ko*.
99,29 vriunde = vriundes
99,34 schiede ... ir = scheide ... ir, *Ko*.
99,35—37 (sît ... getân), = *ohne Klammern Ko*. — 36 wernden = werden *Wb. unter* wernde.
100,3 Irenber. = Irenber, *W*.
100,4 vert ... er = vert ... her *W*.
100,6 dorefknabe, = dorfknabe.
100,19 von = vor *W. u. Zs*.
100,21 dô liep hân ende = dâ liep ein ende *W*.
100,31 gâch, = gâch. — 32 nâch, = nâch *W*.
100,33 swâs ... ersehent: = dâs ... ersehen *W*.
100,34 pfnehent = brehen *W*.
101,4 iemer saelic = erst iemer saelic *W. u. Ko*.
101,5 schoenen wîben = schoenem wîbe
101,13.14 jâ bin ich in dînem geu manges snoeden understreu = wan ich hân in dîme göu manege snoede sunderdröu *W*.
101,17 zungen: = zungen *W*.
101,19 wirst dû = dû wirst *W*.

36. 101,34.35 umbevâhen und ... geschehen! = umbevâhen, und ... geschehe! *Ko*.
102,1 *Darnach* 240, 1—10.
102,5.6 Ruoze *und* Tuoze = Rûte *und* Trûte *W. u. Ko. zu* 40,24 (*S.* 96).

102,14 lancreidez valwez = wol valwez reidez *Zs.*
102,17 (nâch dem alten site gar), = *ohne Klammern Ko.*
102,18 als manz bî künc Karel = alsô manz bî Karlen *Ko.*
102,21 *Darnach* 241,11—20 *W.*
241,12 dem milten = dem *W.*
102,28 Valwen = Valben *W.*

87. *Die Echtheit der Strophen ist fraglich.*
102,37 muoz hie = muoz *W.*
103,6 sin = sîn *W.*
103,22—28 *ist vor* 103,15—21 *anzuordnen. Ko. nach C. Pfeiffer.*
103,26 dêst lanc, daz ich = sîn ist lanc deich *Ko.*
103,28 und deich = daz ich
103,19 rugge = rügge

Unechte oder zweifelhafte Strophen

a) *zu Sommerliedern*

S. 106 *Nr.* 7 *nach* V *der ersten Ausgabe bei S. Hirzel* 4 nam ich vernt — 6 *Lücke:* und bist dû starc *H, und* dû ze starc *W.*
„ 110 *Nr.* 11 *nach* XI, 5 drî
„ 116 *Nr.* 16 *nach* II Stolzen jungen, ir
„ 123 *Nr.* 22 *vor* I wir sulen
„ 124,10 Engelmâr *und* 13 vürtanzel *Ko.* — 19—21 spiegel — kleine.
„ 125,44 dorfgebûre — 45 die nement daz gar tûre. — 52.53 geswîget *und* sîget.
„ 128 *Nr.* 23 *nach* VII her — verkiesen? — verliesen? — nach IX ziere *und* schihte
„ 129,2 under (der) — 5. getâselt — 8.9 mich, des — al. — 11. dâ
„ 130,9 *Nr.* 24 si ... nâhent — waz hiuzer — bite — diunfrumt
„ 131 *Nr.* 25 diu sumerzît — trûrege — sehet an — sint si
„ 132 *Nr.* 26 *nach* I gezieret stât der meie ... und diu heide
„ 133 *statt* VI wir zwei
„ 136,10 *Nr.* 27 mit sîn gesellen — 22 getûren. — 27 noch unerkennet 29 bite

b) *zu Winterliedern*

S. 139 *Nr.* 1 *nach* IV, 9 Rüedel — 11. vehten
„ 149 *Nr.* 6 *nach* V, 8 sô ir in
„ 153 *Nr.* 8 *nach* V vudeslecke

Anhang

S. 159 *Nr.* 11 *nach* IV 1 den schimpf — S. 160, 8 verslüffe: *s. Wb. unter* sich versliefen
„ 161 *nach* VII 4 Berhtran — 6 hern
„ 167 *Nr.* 14 *nach* VI, 1 lieber ätte, helfet scheiden! — 12 sint snelle dâ! — 14 ûzen über sîn wengel, swiez eht im dar nâch ergê
„ 168,15 niuwiu maere — 17 Amenolf — 20.21 wunden? — her 22 nû mugent ... diss. — 23 râtent — 25 zechen — 27 went ir mirz helfen rechen — 28 gên dem — 29 Amenolf
„ 169,44 Sigelôch (der ist ... — 45 zuo im genôzen): — 48 wurde — 53 Amenolf — 56 dîn swert erkennents — 70 Amenolf
„ 171,99 wunschlîche — 101 ie der man — 112 ein — 115 niemer — 117 daz unser Friderûne von eim — 118 der... frâgen — 129 ie der man in — 134 îsenkiuwen in — 139 hirneschaln
„ 172,136 der sluoc dô gar ... âne danc
„ 175 *Nr.* 17 *nach* V Der ein der — 6 gabizstûden
„ 177 *Nr.* 18 *nach* III, 2 und giht — 4 sîn. — 5 Êrenfrit — 7 und ein — 8 der
„ 180 *nach* V, 5 Durinkhart — 9 zorndrucke
„ 181 1.2 Berhtram, der mir mîn — 9 die versniten alle sich ... an mînem kaese — 11 helm
„ 183 *Nr.* 19 *nach* V in ruomewât daz ... sî hüpfent
„ 184 *Nr.* 20 *nach* III, 3 vudenol — 11 hôhe gein — 14 künnelîn — ir kleit ûf ein
„ 187 *Nr.* 22 *nach* I, 12 dan mîn herre
„ 188,20 vor den getelingen — 25 der Ungenande — 29 genande — 36 pfnuhtes — 38 daz ... beschehen — 46 hât — 52 waent
„ 198 *Nr.* 24 *nach* IX, 4 an in niht ervunden — *Nach* V summer langen
„ 199 *Ebenda nach* VI, 2 maere welher dâ — 5 hende brach — 6 gezerret
„ 200 *Ebenda nach* X, 1 Er gêt wol versigelt ... sî — 6 ertrenket *und* vorhte" hât mirs geseit *Ko.* — 7 ... vêhen tocken *Ko.* — 9 ûf der gazzen tuot erschrocken *Ko.* — 11 gedreset — 12 als im sîn tasche ... dem glîch daz man waent er *Ko.*
„ 208 *Nr.* 27 *nach* VII, 4 muscâtnegele — 5 überbrangen
„ 209,19.20 sîn, die dâ ... schînent und diu — 21 nû sult — 23 zewâre ich ... bluotes var — 26 nû stât mir alle gelîche
„ 211 *Nr.* 28 *nach* VI, 1 koster — 3 paternoster: *ebenso* 11 — 5 mit ir hendeln kluogen

S. 215 *Nr.* 29, 12 der wil sîne gogelwîse durch nieman niht lân. —
21 der ist
„ 217,11 Mîsenaere — 12 gesange — 2 mîne houben — 3 er
trîbet — 14 mit sînem — 15 zeriuten — 16 er ez
„ 219 *Nr.* 30 *nach* IX, 3 sam si mich von Riuwentale dort —
4 hiute
„ 220,13 newil — 15 dâ von stricken si ... umb ir langiu swert
Ko. nach Jacobs u. Singer — 17 jâ wil ich si bitten al —
18 daz si mir niht vluochen — 22 unde niune
„ 227 *Nr.* 32,18 alle (*Lücke*) grîfen — 27 sich hebet hie des
„ 228,36 dâ ze vrône maen ... riuten — 54 zene — 55 swie er
niuwan — 56 enhalp — 59 mit *fehlt* — 64 unz ûf —
67 grôzen
„ 234 *Nr.* 33 *nach* V, 19 und sîn stehelîn stange
„ 235,20 unde ein boge — 24 und eine glitze lange — 25 kumt
„ 230 *Nr.* 34 *nach* V, 6 an saelde mir
„ 232 *nach* IX ich bin von Riuwental — *Schlußzeile* diu wil —
1 vor gerant — 2 swie kleine — 4 die tuon — 5 Gôzbreht
— 9 niuwan — 10 Gôze — 13 beide — 16 als ... verlorn
„ 237 *Nr.* 35, *nach* VI, 10 blüender — 14 wirt
„ 238,19 den meiden — 23 daz si — 28 habent — 32 derst
geheizen Werngêr — 32 Ungelimpf — 40 ie sîn stîc —
41 unfuore der — 45 man siht
„ 239,55 Busenberc — 70 hern Nîtharts — 72 Durkelhart —
80 reichet dan ... ûf einen waden
„ 240,17 lobt — 241,20 tobt
„ 242,2 sîn (*Lücke*)

Anhang

S. XII,21 schamezieren — 22 diu liep — 24 jungen

Übersicht über die Stropheneingangszeilen

(S = Sommerlieder, W = Winterlieder)

do man wibes minne gegen der manne minne wac W 23 VII
bi dem Lugebach W 32 VII
herze dirst ze gach W 35 VI
liebe mir geschach W 32 VIII
ungemach zu S 13 nach II
ungemach mir geschach Anhang III
zuo dem ungemache W 27 III
die den wiben hochgemüete solden machen S 28 V
langiu maere lat iu kurzer machen W 8 V
diu muoter rief ir nach S 18 II
sage von welhen sachen S 9 VII
hei sumer waz herzen gegen diner kunft erlachet S 17 II

swenne ich sündehafter solte in riuwen baden W 30 III
ich bin zweier schaden W 35 II

gein wem solt ich mich zafen S 14 IV
sumers und des winders beider vientschaft W 34 I

swanne er wante deich da heime laege S 25 V
owe senen unde klage zu W 19 nach V
swaz ich tumber klage W 25 IV
neve Ber nu vröwe dich diner mage zu W 14 nach VI
der ich holdez herze trage W 12 II
tumber liute vrage W 22 VIII
wol dem tage S 19 I
dise trüeben tage W 17 I
alle viretage zu W 35 nach VI
immer an dem viretage W 31 IV

si sint mir unwaege W 22 V
muoter min ir lazet iuwer bagen S 23 IX
hie mit sul wir des gedagen W 2 V
schon als ein golt gruonet der hagen S 16 I
alle die mit wunden da gelagen zu W 14 nach VI
wilen do die herren hoher minne phlagen S 28 VI
hiuwer do diu kint ir vröuden phlagen W 26 VI
wesse ich wem ich solde klagen W 20 III
ich muoz aber klagen zu W 35 nach VI
vriunden unde magen S 11 VI
ich han in durch mine zuht ein teil ze vil vertragen W 23 IV
wan daz guote liute mir gewagen W 9 III
er hat ir gesaget zu W 35 nach V
also han ich miner vrouwen widersagt W 34 II

do muost ich mit flühten von in gahen zu W 14 nach VI
niemen sol an vrouwen sich vergahen W 9 II
alle die den sumer wellen lobeliche enphahen S 15 I
owe daz si nach wane des dem herzen ie verjahen W 21 III
tohterlin la dir in niht versmahen S 23 VIII
ich bin ir ze verre si mir nahen W 26 II
blozen wir den anger ligen sahen S 23 I
sol mich niht vervahen W 13 II
wie schone ez gegen dem abent und des meien morgen nahent
 zu S 24 nach V
al diu creatiure die der himel hat bedaht W 23 IX
ein altiu mit dem tode vaht S 3 III
gerne west ich wie es die torpper vnter einander trachten zu
 W 24 nach V

sach ab ieman jenen mit der gickelvehen täcken zu W 24
 nach X

genuoge fragent in dem lande über al zu W 34 nach IX
got gebiete den jungen wiben über al W 3 IV
grozen schal S 19 II
einer der ist kal zu W 17 nach III
sunder sal S 13 VII
in dem tal S 6 I

Anhang 199

uf dem berge und in dem tal S 3 I
der von Riuwental zu W 18 nach V
stüende iz noch an miner wal W 5 VI
dar uz nam si daz röckel also balde S 21 VII
si hat mit ir strale S 9 VI
si hat mit versuochen elliu tiutschiu lant durchwallen W 29 III
eya wie was er ie so balt zu W 20 nach III
sine winde kalt W 25 II
nu ist der walt S 19 II
winder uns wil din gewalt W 1 I
fröut iuch junge und alte S 8 I
solt ich mit ir nu alten S 11 IX
muoter die risen die han ich vor iu behalten S 17 VI
die rede soltu behalten S 14 V

ine vernam S 13 II
jener Berehtram zu W 18 nach V
walt hat sine krame S 9 III
minne wer gap dir so rehte süezen namen W 34 VIII
do si den vil lieben trost vernamen S 27 VI

mine vriunt nu get her dan W 20 V
Frideliep bi Götelinde wolde gan W 3 VI
ich sach ze tanze gan zu W 32 nach V
Heilken vragen ich began W 2 IV
vil schiere kom gegan zu W 32 nach V
wan ich han S 6 V
vier und hundert wise diech gesungen han zu W 30 nach IX
muoterlin erkennt ir den man zu S 16 nach VII
do sprach Enzeman zu W 32 nach V
lieben wan S 13 V — lieben wan den ich han Anhang II
tohterlin tuostu den ganc S 16 V
do er in sinem geile spranc W 31 V
sa si spranc S 6 VI
swer versmaehet minen sanc W 19 VI
die sumerwünne ich bi der vogele ride erkande S 17 IV
Vromuot vert in truren nu von lande hin ze lande W 29 II
leit mit jamer wont in Osterlande S 27 II
wie gerne ich nu sande S 11 III

kint lat iu den reien wol enblanden S 12 IV
ich wand iemer fride han seht vor dem ungenanden zu W 29
 nach IV (III)
die sint sorgen ane S 14 III
ie lenger unde ie lieber ist si mir diu wolgetane W 15 V
sumer diner süezen weter müezen wir uns anen W 24 I
seht an Engelwanen W 13 V
komen sint uns die liehten tage lange S 12 I
owe lieber sumer dine liehten tage lange W 16 I
habt ir niht geschouwet sine gewunden locke lange W 29 VII
her Nithart iuwer keiser ist ze lange zu S 27 VIII
miner vinde wille ist niht ze wol an mir ergangen W 24 IX
nu ist vil gar zergangen S 26 I
nu ist der küele winder gar zergangen S 21 I
sumer wis enphangen S 9 I
tohterlin la dich sin niht gelangen S 23 VI
siner snüere strangen zu W 27 nach VII
wart uz waz nu hiuzer megede hubbet uf dem anger S 24
 nach III
er spranc winsterthalben an ir wizen hant W 34 VII
Eppe zuhte Geppen Gumpen ab der hant W 3 V
sa do zehant S 10 V
so wol dir Beierlant 37 IV
sit nu Kuonze an Metzen hat mir vür gerant zu W 34 nach IV
Erkenbreht und Uoze und der ungenante S 22 nach VI —
 und der ungenante zu W 22 nach I
we wer singet nu ze tanze W 36 IV
da si bi dem tanze W 33 IV
hiwer an einem tanze W 27 IV
koeme ich zeinem tanze W 10 IV
ir ist vil die wundert daz umb Uozen unde umb Anzen
 W 21 VII
los uz ich hoer in der stuben tanzen W 4 II
si reien oder tanzen S 11 X
doch kan ich vergezzen niht der tumben dorfknappen zu
 W 29 nach IV (III)
muoter min laestu mich dar S 16 IV
ich wil dar S 19 IV
nu wol uf kint welt ir dar W 5 IV

her Nithart e was iuwer sanc gemeine gar zu W 34 nach IX
diu sint ergetzet leides gar S 4 III
schouwet an min har W 32 V
hie envor do stuont so schone mir min har W 3 VII
lanc ist im sin har zu W 35 nach VI
do kom des dorfes schar zu W 32 nach V
es ist noch niht vol ein jar W 5 III
min vrouwe diu ist elter danne tusent jar W 30 IV
e do komen uns so vreuden richiu jar W 34 V
we geschehe in swar ich var W 12 IV
schone gevar S 13 III
est ein winder nemt des war W 12 I
mine vriunde ratet wiech gebare W 8 II
min vrouwe ist wandelbaere W 28 IV
zwo gespilen maere S 26 III und in C von Scharpfenberg 8
welt ir liebiu maere S 29 III
e daz er den tanz an einen kluogen gürtel waere zu W 29
    nach IX
wie holt im daz herze min vor allen mannen waere S 24 IV
ich trag allerherzenliche swaere W 26 III
diu muoter diu krift eine kunkel swaere zu S 23 nach IX
daz ich niht froelich singe daz wendet mir ein swaere S 22
    nach VI
nu we mir sprach ein altiu miner swaere zu S 27 nach VIII
daz ist Friderune ein lange werndiu swaere zu S 22 nach VI
stüende ez in der werlde alsam vor drizec jaren S 28 VII
die selben zwene die gehellent hin nach Engelmaren W 15 II
die den winder sendes herzen waren S 12 II
dise rede die hat ein wip vil wol an mir bewaeret W 21 II
er dünket mich ein narre S 11 XI
jener Eberhart zu W 35 nach VI
ditz ist ein ringiu vart 37 V
sone müet mich niht an Brunewarte W 18 V

bluomen und daz grüene gras W 19 I
allez daz den sumer her mit vreuden was W 30 I
nu ist wol breit der linden ir ast S 16 II

in der saelden pfat W 25 VII
wol bedörfte ich miner wisen vriunde rat W 3 II

wa nu vriunde rat W 35 III
git mir iemen guoten rat W 12 II
vriundes rat S 13 VII
der walt mit loube stat S 18 I
ich kom an eine stat W 7 III
heid anger walt in fröuden stat S 4 I
daz si niht enstat W 17 II
miner wat S 19 VI
der uns nu die Diutschen und die Beheim baete S 28 VIII
swer einen vogel haete W 28 X
loufet helfet scheiden lieber ätte zu W 14 nach VI

niemen vrage mich war umbe ich grawe W 18 III

lat iu bescheiden baz zu W 32 nach V
we war umbe tuont si daz W 31 II
sen dich in der maze S 26 VI ersetzend in A und C
vrouwe zallen dingen hoeret maze W 9 IV
bote nu sage den kinden an der straze S 12 VI
die waren des gerüemic disen sumer an der straze W 11 III
hie mit sule wir die rede lazen W 18 II
her Nithart mugt irz lazen zu W 27 nach VII
siner basen bruoder hiet sis wol erlazen zu S 22 nach VI

ez meiet hiuwer aber als e S 7 I
und reie also swiez dir erge S 7 III
bluomen unde kle W 25 III
ein vriwip schrei we zu W 35 nach VI
mir tuot endeclichen we W 2 I

nu wil ich den oeden gouchen urloup geben zu W 30 nach IX

er ist mir gevech W 17 IV
muoter mit dem stecken S 8 IV
her Nithart hat uns hie verlazen als diu kra den stecken zu
    W 24 nach IX

die Hildemars gelöschten schuoh die sint von rotem ledere
    zu W 29 nach IX

die nu vor grozer huote megen S 4 IV

iz ist vrouwen e geschehen W 20 IV
muoter min wer gap iu daz ze lehen S 21 V
ich han ein viol gesehen zu S 16 vor I
waz ich durch den guoten kneht W 5 V
tohterlin nu waz geschach dir nehten zu S 23 nach IX

da wil ich din hüeten sprach des kindes eide S 17 V
wie überwinde ich beide W 13 I
ine gesach die heide S 14 I
ich gesach den walt und al die heide S 20 I
urloup nam der winder do die bluomen an der heide S 15 III
ich fröu mich gegen der heide S 2 II
meide uf einer heide zu W 22 nach I
ez gruonet wol diu heide S 11 I
ich sorge sprach ein stolziu maget als ich iuch bescheide
    zu S 24 nach V
rädelohte sporen treit mir Fridepreht ze leide W 24 X
mirst von herzen leide W 27 I
sumer diner liehten ougenweide W 26 I
komen ist uns ein liehtiu ougenweide S 21 II
wie si den strit liezen wil ich iu bescheiden S 17 VII
nu ist der liebe sumer hin gescheiden W 14 I
hie mit disen dingen si diu rede also gescheiden W 16 V
ich bin von der guoten ungescheiden W 9 VII
sa do sprach diu ander man sint underscheiden S 28 IV
waz er an den meiden W 10 II
Gundewin sag allen hübschen meiden zu S 27 nach VIII
der winter hat ein ende komen ist uns der meie zu S 22 vor I
komen ist uns diu wünne komen ist uns der meie S 28 II
komen ist ein wünneclicher meie S 27 I
im hilft niht sin treie W 10 VI
junge mägde und alle stolze leien S 12 III
ich bin holt dem meien S 5 III
froelich sulen wir nu alle reien S 25 nach I
do sich aller liebes gelich begunde zweien S 22 V
da sul wir uns wider hiuwer zweien S 23 V
min herze gein der schoenen wunne reiet zu S 21 nach II

vro sint nu diu vogelin geschreiet S 25 II
mine tage loufent von der hoehe gegen der neige W 15 V
den soltu mir zeigen S 14 VI
diu sunne und ouch die bluomen hant ir hoehe hin geneiget
  [W 11] I
sanges sint diu vogelin gesweiget W 18 I
uf der linden liget meil W 5 II
winder diniu meil W 32 I
seht der ist ein teil W 17 V
ich gevriesch bi minen jaren nie geburen also geile W 11 IV
do sprachs ein alte in ir geile S 1 II
da ist für truren veile S 9 IV
han ich indert heime S 26 VII
wer nach Künegunde ge des wert enein W 3 III
neina tohter neine S 2 IV
swenne ich mich vereine W 27 II
braeche si den eit W 35 V
Künze do niht langer beit W 2 VII
dienest ane saelikeit W 19 V
sol min staetikeit W 32 II
der muoter der wart leit S 18 IV
sprach ein meit S 6 II
ir stolzen jungen sult sin gemeit S 16 nach II
Lanze eine treien treit W 1 IV
bote nu var bereite S 11 IV
saht ir ie geburen so gemeiten W 4 V
ich weiz der getelinge noch in einem umbekreize zu W 11
  nach VII
sinc an guldin huon ich gibe dir weize W 4 I

muoter latz ane melde S 2 III
uf spranc si vil snelle S 8 V
swer nu sine brieve hoeren welle S 20 III
nu dar ziere gesellen zu W 27 nach VII
daz tou an der wise den bluomen in ir ougen vellet S 24 III
allez Tulnaere velt W 31 VI
ich mac wol din ungevüege schelden S 20 VI

owe siner hende W 27 V
frou Hilde und getelinge die sprungen an ir hende S 22 nach VI

lieben boten ich heim ze lande sende S 12 V
der mir miner vrouwen hulde erwende W 14 IV
waz ahte ich uf ir schenden zu S 14 nach VII
hete ich an ein ander wip den minen muot gewendet W 21 V
Randolt Gunthart Sibant Walfrit Vrene S 27 VII
sine weidegenge W 10 V
dar nach huop sich schiere ein groz gedrenge zu W 14 nach VI
si sprechent daz der winder hiuwer si gelenget S 22 II
zwivel mines lones und der werltfreude krenke W 21 V
du hoerest eteswenne S 26 VI
wa bi sol man min geplätze hinne vür erkennen W 24 VII
den ich iu wil nennen S 2 V
den si alle nennent S 14 VII
diu junge sprach ich han ir niht genennet zu S 27 nach VIII
Gozbreht Willebolt Gumpreht und Eppe W 4 IV

Etzel Ruoze und Adelber W 1 III
daz ist Irenber W 35 IV
vruht uf al der erde S 29 IV
miner vrouwen ere W 28 V
durch des landes ere S 29 I
liebiu muoter here S 2 VII
ine gewan vor mangen ziten ungenade mere W 16 III
ir etelichem mere zu W 22 nach I
dennoch treit er mere zu W 33 nach V
waz ist des nu mere W 22 III
diu junge sprach wes truret ir so sere zu S 27 nach VIII
doch so klagt ich den sumer niht so sere zu W 14 nach I
muoterlin nu zürnet niht so sere zu S 23 nach IX
trutgespil nu swige niht verlius din leren S 28 III
nu hat si sich verkeret W 28 III
walt mit niuwem loube sine grise hat verkeret S 15 II
ir sult mirz wol gelouben ich sag iz niht gerne S 22 nach VI
diu wat diu was in einem schrine versperret S 21 VI
sliezet mir den meier an die versen S 23 VII
si hat sich min erwert W 7 V

der Berewiges hiubelhuot der ist von ringen veste zu W 11 nach VII
ez gruonet an den esten S 2 VI

die zwen geugeweten W 25 VI
der walt hat siner grise gar vergezzen S 21 III

so nimt lihte iuch wunder waz diu klage si W 30 III
swie Riuwental min eigen si S 4 V

verschamtiu umbetribe W 28 II
der kom da her do bat er min ze wibe S 25 IV
swaz an einem wibe W 22 VIII
bote nu sage dem liepgenaemen wibe S 12 VII
wil er si behalten si wil gerne da beliben W 29 IV
do wolt ich niht langer da beliben zu W 14 nach VI
dar umbe wil si aber ein Engelmar vertriben S 22 nach VI

strich von mir balde unde swic S 16 VII
ja ist ir mer wan ich 37 III
geuden giengen si gelich W 19 IV
ir hüete ir röcke ir gürtel die sint zinzerlich W 30 IX
nu sorge ich hinder mich W 7 VI
fürste Friderich W 35 VII
seht do vahtens also winnecliche zu W 14 nach VI
hat ab iemen leit daz minem leide sich geliche W 16 II
füeget iuch arm unde riche W 36 VI
der meie der ist riche S 2 I
ich wil gein Osterriche zu S 11 nach XI
die vogele in dem walde singent wünneclichen S 22 III
du kumst lobelichen S 9 II
wirp ez endelichen S 11 VII
Amelolt sprach vil vermezzenlichen zu W 14 nach VI
der linden welnt ir tolden von niuwem loube richen S 22 I
mich müet sere an Wigerichen zu W 36 nach V
schouwet an den walt wier niuwes loubes richet S 17 I

von der Persenicke W 33 V

ein gebot ich sanfte lide W 36 V
swer mich um die wolgetanen nide S 20 IX
also vlos min vrouwe ir vingeride W 18 IV

nu hoeret wie ez ir ergie S 7 V
sage ir daz der man si hie W 2 VI

nu ist der leide winder hie W 5 I
diu zit ist hie S 10 I
bischof nu rume ez hie 37 II

miniu senelichen klageliedel W 26 IV
ir gesellesch efte si sich schieden S 20 VIII
der het ir genomen in schimphe ein tockenwiegel S 22 nach VI
nu sage an sumer war wiltu den winter hinne fliehen W 15 I
zicka wie si mir geviel W 2 III
sumer ich verklage niemer dine manege ziere W 15 III
nu ist der walt gezieret S 29 V
tohterlin du wilt din lop verliesen zu S 23 nach VII
swaz ich nu gesinge daz sint klageliet W 34 V
vreude und kurzewile sul wir uns hiuwer nieten S 17 III
daz siz niht dem ritter an den vinger stiez W 34 IX
wolde sin die freudelosen niht an mir verdriezen W 21 I

ich han ungemach von Madelwige W 26 V

muoter zürnet niht W 7 IV

des meien zil S 10 II
ich begreifs aleine uf einer dille zu W 8 nach V
der walt aber mit maneger kleinen süezen stimme erhillet S 24 I

ich begunde mit der guoten schimphen W 8 III

nu balde hin S 10 IV
diu muoter sprach wol hin S 18 V
meie din liehter schin Anhang 1 I
der in miner frouwen haerin vingerlin zu W 30 nach IX
von der staete min W 32 VI
ist daz niht ein wandel an der vrouwen min W 34 III
erelosiu vrouwe we waz welt ir min W 30 V
von hinne unz an den Rin W 32 VI
man sol willetore sin W 19 III
des wil Küenzel meister sin W 2 II

ich was ie den wiben holder danne si mir sin W 23 VI
muoter lat iz sin S 18 III

er treit einen maecheninc W 31 IX
aller min gerinc W 25 V
Marke du versinc 35 I
der ich her gedienet han von kinde W 14 III
er wil ebenhiuzen sich ze werdem ingesinde W 29 VIII
so hebet sich aber an der straze vreude von den kinden S 24 II
hiuwer bi der linden zu W 22 nach I
man sol mich bi den hübschen kinden vinden zu S 23 nach V
Engelmar der kan die besten vinden zu S 27 nach VIII
wie sol ich die bluomen überwinden W 8 I
sumer unde winder W 22 I
si klagent daz der winder W 28 I
nu sage mir liebez tohterlin waz sint die swaere dine zu S 15
    nach V
der von Riuwental der spottet miner vogeline zu W 29
    nach IX
die gehellent alle Berewine W 14 V
verboten ist den kleinen vogelinen W 6 I
diu wil mit beiden oren niht gehoeren swaz ich singe W 11 II
liebiu kint nu vreut iuch des gedingen S 27 III
sinne richem manne mac an wibe misselingen W 21 IV
der ist nu der tumbist under geilen getelingen W 24 II
die wil ich die klingen zu W 10 nach VI
die selben wolden gerne mich verdringen W 6 III
ein altiu diu begunde springen S 1 I
nu ist der kleinen vogeline singen W 9 I
droschel nahtigal die hoert man singen S 23 II
ich wil aber singen W 22 II
in kan allen liuten nu ze tanze niht gesingen zu W 29
    nach IV (III)
kunde ich nu gesingen S 29 II
owe winder waz du bringest W 36 I
disiu wandelunge mange vröude bringet S 28 I
er tore und werdent sin ir bruoder inne W 6 V
der was von der Minne S 9 V
sage der meisterinne S 11 V
muoter ir hüetet iuwer sinne S 1 II
milter fürste Friderich an triuwen gar ein flins W 23 XII
wol uz der stuben ir stolzen kint S 4 II

mit gedanken wirt erworben niemer wibes kint W 23 XI
sit die wisen alle heizent gotes kint W 30 VI
liebez kint S 6 III
muoter ir sorget umbe den wint S 7 IV

so laz wirs vehten umb den lip zu W 1 nach IV

min schimphen half an ir W 7 VII
wol dan mit mir S 10 III
immer so man viret W 10 III

kint bereitet iuch der sliten uf daz is W 3 I
die boume die da stuonden gris S 3 II
uf manegem grüenen rise S 5 II
der walt stuont aller grise S 5 I
wol ir si ist ein wip in hohem prise W 6 II
seht wie sich vreut boum unde wise S 16 III
in dem walde sumerliche wise S 27 IV
ahzic niuwer wise W 28 VI
da bi lobent diu merlin und die zisel S 27 V
ir briset iuch zen lanken stroufet ab die risen S 22 V
si ist an allen dingen wol ze prisen W 9 VI
die daz waren die wil ich iu wisen W 14 II

da ir bi ein ander sit W 31 VII
owe dirre sumerzit W 20 I
owe sumerzit W 25 I
nu klag ich die bluomen und die liehten sumerzit W 23 I
owe liebiu sumerzit W 31 I
do kam schiere ein getelinc geloufen von dem strite zu W 24
  nach VI
vreude und wünne hebt sich aber witen S 25 I
do ich sach daz si so sere stritten zu W 14 nach VI

ich hiet ein ureliuge W 28 VIII
Hirzber spricht und sine friunde zu W 36 nach IV
lat ir iu diu maere briunen W 36 VII
sage bi dinen triuwen S 26 V
groziu kraft diu was uns beiden tiuwer W 8 IV

tanzet lachet weset vro W 1 II
disiu rede lige also W 31 III
koeme ez aber also zu W 35 nach VI
der schare waren zwo zu W 32 nach V

al der werlde hohe S 26 II

si stiezen beide ein ander wol zu S 7 nach V
disen sumer warens alle dri uf si verkoln W 23 III
mir schat Engelbolt W 17 III
saelde diu ist verre bezzer danne golt zu W 34 nach V
dem bin ich holt S 19 V
ich bin einem wibe lange gar unmazen holt W 23 X
den zweien bin ich vient als eim wolve W 6 IV

willekomen S 13 I

her Nithart daz iu sante Zene lone zu W 6 nach V
waz wil ich der none zu S 14 nach VII
losa wie die vogele alle doenent S 23 IV
zorniclichen sprach diu magt ir habt ez wol beschoenet S 15 VIII

sprach ein maget die wil ich gerne hoeren S 20 IV
nu heizent si mich singen ich muoz ein hus besorgen S 22 VI
zwicke und slege hastu verlorn S 16 VI
her Nithart senftet iuwern zorn zu W 20 nach III
diu muoter sprach har für uz grozem zorne zu S 21 nach V

sit von iuwern handen Vriderun den spiegel vlos W 23 V
ich gesach nie jungez wip so lose W 9 V
wildu liebez tohterlin deich dir die rede zerloese S 15 IX

jeniu bot S 6 IV
daz selbe widerbot zu W 18 nach V
owe dirre not W 35 I
owe mir dirre not W 7 I
dar durch ist er mit swerten in sin houbet unverschroten
                                                [W 11 IV

we waz wil her Nithart miner gickelvehen houben zu W 29
  nach IX
walt nu schone loubet S 8 II
nu schouwet an den walt wier aber loubet S 25 vor I
vreude ist aller werlde gegen des meien kunft erloubet S 15 V
si kan zouberliste tougen W 36 II
swer in siner tougen W 13 VI
daz gehorte der mägde muoter tougen S 21 IV
imst sin treie nie so wol zerhouwen W 4 VII
sprach ein maget die wisen wellent touwen S 23 III
nu seht an die wisen wie si touwet S 25 nach I

winder din unstaetic loz W 19 II
Berhtram unde Goze zu W 33 nach V
diu alte diu begreif ein rocken grozen zu S 21 nach VII
allez daz diu werlt nu hat beslozzen S 20 II

sprichest du daz ich si ungevüege S 20 VII
daz die dörper alle ein ander slüegen W 14 VI
diu alte sprach wes hastu si ze rüegen zu S 27 nach VIII
rumet uz die schämel und die stüele W 4 III
Minne dine snüere W 13 VII
der treit eine huben diu ist innerthalp gesnüeret W 29 VI
diu heide ist gar verblüet W 7 II
vrouwe dine güete W 13 IV
si hat wenic wibes güete zu W 36 nach III
die boume in der werlde stant mit wünneclicher blüete
  zu S 24 nach V
nu han ich snoeden schimpf gerochen erküelet min gemüete
  zu W 11 nach IV
leit und ungemüete S 26 IV
swaz vür truren hoeret und vür allez ungemüete S 15 IV
die selben niune die sint übermüete zu W 14 nach II

swaz ich ir gesinge deist gehärphet in der mül W 23 II
ich han mines herren hulde vloren ane schulde W 24 VIII
nu sage mir waz sint die dinen schulde S 25 III
dise alten schulde W 27 VI

ja waer er mir sines libes schuldec W 26 VII
ich bin in von schulden W 33 III
diu muoter sprach zer tohter kumt ez dir von mannes schulden
[S 15 VI

ob sich der bote nu sume S 11 VIII
do der liebe summer W 10 I

erst geheizen rehtes namen Limizun W 30 VIII
Eberolt und Amelunc W 20 II
einer koufte ein swert bi einem pfunde zu W 18 nach V
ir gespil si vragen do begunde S 20 V
nein da liebiu muoter min des ich gemelden kunde S 15 VII
er gap versengelt wol rehte als im waer an gebunden zu W 24
 nach X
ich han niuwemaere nu befunden zu W 14 nach VI
min har an dem reien solt mit siden sin bewunden S 24 V
weiz ab iemen war die sprenzelaere sin verswunden W 29 V
klagte ich nu besunder W 33 II
nu nimt genuoge wunder W 28 VII
mich hat ein ungetriuwer tougenlichen an gezündet W 11 VII
enge röcke tragent si und smale schaperune W 24 V
wol verstuont diu junge S 9 VIII
gegen der wandelunge S 11 II und zu S 26 nach I
we daz mich so manger hat von lieber stat gedrungen W 24 IV
er hat mich verdrungen zu W 22 nach IV
hie mit si gesungen S 29 VI
ich han von oeden ganzen alle wile her gesungen W 11 VI
her Nithart hat gesungen zu W 10 nach VI
also hat diu vrouwe min daz herze mir betwungen W 24 II
lop von mangen zungen S 14 II
owe lieber sumer diner süeze bernden wünne W 29 I
disen winter tanzent si bi miner ougen wünne W 21 VIII
owe sumerwünne W 33 I
Vromuot ist uz Osterriche entrunnen S 27 VIII
Lanze der hat noch die frünt zu W 1 nach IV
lange nadelrunzen W 22 IV

we waz hat er muochen W 27 VII
sagte ich nu diu maere wie siz mit ein ander schuofen W 24 VI

alrerste begundens nach der hilfe ruofen zu W 14 nach VI
Irenwart und Uoge W 28 IX
sine wolde iedoch in sinen spiegel nie geluogen W 16 IV
wie sol ich dem tuon zu W 18 nach V
er treit eine buosemsnuor W 31 VIII
tohter wende dinen muot S 7 II
swenne ich an ein truren wende minen muot W 30 VII
reiner wibe minne tiuwert hohe mannes muot W 23 VIII
hochgemuot S 13 IV — hochgemuot dar zur fruot Anhang IV
hochgemuot dar zuo fruot
der mir hie bevor in minen anger wuot W 34 VI
Engeldich der gienc bi Engelmuote zu W 14 nach II
er und die mir durch den anger wuoten W 18 VI
daz gehorte ir muoter S 8 III
Engelwan und Uoze W 13 III
daz ist ein ringiu buoze zu W 22 nach I

wa nu friunt hat ieman stüppe W 36 III

diner oren tür W 32 IV

dörperlich stat allez sin gerüste W 4 VI
ich bitte iuch min her kuster zu W 28 nach VI
Gumpe unde Goze die sint mir niht trut zu W 34 nach IV
wol dir vrouwe Trute W 22 VI
ich wil mich gegen der süezen minne brütten W 6 VI

Bei Fragen zur Produktsicherheit wenden Sie sich bitte an:
If you have any questions regarding product safety,
please contact:

Walter de Gruyter GmbH
Genthiner Straße 13
10785 Berlin
productsafety@degruyterbrill.com